U0089843

中國學術思想 研究輯刊

十七編

林慶彰 主編

第 1 冊

《十七編》總目
編 輯 部 編

《周易》自然生成觀所體現中和思想之研究

黃 輝 聲 著

花木蘭文化出版社

國家圖書館出版品預行編目資料

《周易》自然生成觀所體現中和思想之研究／黃輝聲 著 — 初
版 — 新北市：花木蘭文化出版社，2013〔民102〕
目 2+86 面；19×26 公分
（中國學術思想研究輯刊 十七編：第 1 冊）
ISBN：978-986-322-369-6（精裝）
1. 易經　2. 易學　3. 研究考訂
030.8　　　　　　　　　　　　　　　　102014620

中國學術思想研究輯刊
十七編　第一冊　　　　　　　ISBN：978-986-322-369-6

《周易》自然生成觀所體現中和思想之研究

作　　者　黃輝聲
主　　編　林慶彰
總 編 輯　杜潔祥
出　　版　花木蘭文化出版社
發 行 所　花木蘭文化出版社
發 行 人　高小娟
聯絡地址　235 新北市中和區中安街七二號十三樓
　　　　　電話：02-2923-1455／傳真：02-2923-1452
網　　址　http://www.huamulan.tw 信箱 sut81518@gmail.com
印　　刷　普羅文化出版廣告事業
封面設計　劉開工作室
初　　版　2013 年 9 月
定　　價　十七編 34 冊（精裝）新台幣 60,000 元
版權所有·請勿翻印

《十七編》總目

編輯部　編

《中國學術思想研究輯刊》十七編　書目

《中國學術思想研究輯刊》十七編
各書作者簡介‧提要‧目次

第一冊 《周易》自然生成觀所體現中和思想之研究

作者簡介

　　黃輝聲，台灣省台南縣人，現居台北市。對於中國文化思想與東方哲學，擁有極高興趣。受業於華梵大學東方人文思想所何廣棪教授指導，研究周易之哲學觀、自然觀、社會觀。以儒家入世哲學的積極態度為礎，融合道家經世思想。希冀透過周易深晦的內涵，了解古人如何藉由宇宙天地與自然變化的相處之道，演繹為人事相處之和諧。藉由先人的智慧，窮理入神，兼濟萬物。

提　要

　　《周易》不但具有精深哲理，深奧的象數思維方法，豐富之古代社會思想，其內涵更展示了中國古代世界觀、人生觀、價值觀的哲學思想，而其所創立的古代宇宙觀，闡揚「天人合一」的自然哲學觀，建立了前所未有的宇宙模型，更進一步結合了自然觀與社會觀，將「天人合一」的哲學思想與天、地、人三者的關係密切地結合為一。而本篇論文撰作的主要目的，在探討古人觀察天、地、人、日、月、星辰、山川及其更替的過程中，嘗試瞭解古人如何與變化萬千的大自然共處，如何在與自然共處的過程中，謀求與自然和諧的相處之道。進一步說，古人是如何通過他們對宇宙天地與自然變化的瞭解及相處之道，演繹為在人事相處上的和諧；而古人又如何通過《周易》進而了解人與自然、人與社會、人與自我的關係，窮理入神，兼濟萬物，是本篇論文所要探討的目標。

本論文凡分五章，滋就其內容及旨趣分八點摘要如次：

（一）《周易》「經」、「傳」的形成與特質：「經」與「傳」形成過程與背景，可以說是構成《周易》最主要的軸心問題，從它成書過程的神秘色彩，與受到諸多聖人的加持，再加上歷代先聖賢哲之智慧累積，《周易》可以說是影響中華文化最爲深遠的典籍之一。

（二）《周易》與中國的卜筮：卜筮是文明初開時期，人類最先了解與窺探上天意志的工具，雖然它以神道設教，但是通過卜筮的方式，與筮法的成卦過程，實際上已經展現了古代先民開始萌芽的科學精神與哲學思維。

（三）《周易》經傳的象數與義理：《周易》藉由六十四卦、三百八十四爻的象徵，將天地萬物與其自然的變化全部統括在它的象徵世界裡，透過筮卦的呈現與歸納，也揭露了古代先人的處事與爲人的智慧，先聖賢哲也藉由筮卦的展現，用以教導人民仁義道德的哲學義理。

（四）以《周易》爲中心的東方自然觀：《周易》所呈現的自然哲學，代表著古代東方特殊的宇宙觀，從探討天的本質、結構及其演化形成的過程，進而了解天與地，天與人，人對天與人在天地間的天人關係，再通過與時間的變化取得和諧的平衡關係，以達到「天人合一」的境界。《周易》的自然生成觀，是一種在時間不斷變化歷程中，強調與變化調適的哲學。

（五）《周易》的思維方式：《周易》的表現形式是象和辭；《周易》的內蘊是義和理。象分爲爻象和卦象；辭分爲卦名、卦辭和爻辭；義與理是象、辭所象徵的事物中所包含的意義及道理，貫通象、辭及天地萬物，也是《周易》研究所要揭示的內涵。研究易學，從具體到抽象的思維，最後留給人類的成果，莫過於其中的思維方式。

（六）《周易》的時與位：在「易學」議題的研究上，就是《周易》的「時觀」與「位觀」具有非常重要的意義。在《周易》的「時觀」上，除了強調「時」的「變動」的特性之外，更探究在「變動」中的「生生、剛健、不息」之義。其形式即先後遞承，連綿不絕。其方法是基於「觀天文」與「察四時」。在《周易》的「位觀」方面，《周易》巧妙地運用六十四卦與三百八十四爻，簡單的應用「陰陽」、「剛柔」、「得位」、「失位」及其相對應的關係，再將《周易》之變動的發展觀透過爻位的變換關係，象徵事物發展過程中的變異性，這也是《周易》在觀察自然現象後對應在人、事、物上所表徵的結果。

（七）《周易》「中和」的具體意義：「中」爲道之本，「和」爲道之用。「中」

潛含著「和」的涵義，「和」是「中」的展現。「中」是指天道所展現之信守不渝、無過與不及的品性，在人道的發抒上，人們必須誠實無妄、精準把握！「和」是指天道在運行過程中，由陰陽的變化來概括天地間人、事、物的差異，再會合其差異並規律地在對立中發生親和關係。「中」與「和」雖然都是對於《周易》與天道的界說，但是其所指示的表徵確有不同的方面，不可混淆。

（八）《周易》與儒、道的經世之道：儒家在政治上發揮《周易》德治思想，是建立在人際關係中，主張以忠、孝、節、義、仁、謙為內容的道德規範。在政治上，《周易》的治國之道便是「德」。依己身的道德修養，推而及於人、事與政治上，以「德」行教化之方，則能做到內外相成，政治上的功業自然可居、可成。

道家以人為出發點，將人與自然的關係，以和諧的音律表現出來。從自然觀的角度觀察，《老子》對於先天地之初，不希望以特定的名義來約束，所以用「道」、「大」、「逝」、「遠」、「反」勉強為其定義，藉以描述天道的象徵，正如同前文所述，《周易》常常以「陰陽」、「剛柔」、「乾坤」、「中」、「正」、「中和」等來說明天道的現象。

通過上列八點敘述，可以窺視本篇論文之撰作目的，在於循著古人建立的智慧，通過卜、筮、卦所建構的哲學內涵，以《周易》的自然生成觀及其所體現的「中和思想」為兩個論述核心，用以揭示古人由自然的認知所蘊含對天道、人道之啟發的哲學意涵，及其在學術與生活上的應用關係，作為告示人們與自然、社會及人際之間的生活準繩與應變之道。

目　次

第二冊　《周易》與亞理斯多德天人哲學思想比較

作者簡介

　　黃原華筆名黃鼎，台灣彰化人。以「《史記・秦始皇本紀》研究」撰寫碩士論文，對於中國上古思想、歷史與文化進行探討。之後又以「《周易》與亞理斯多德天人哲學思想比較」作為博士論文題目，對於華夏與歐洲兩個文明的重要源頭，進行對照式的參考比較。作者任教於台中東海、逢甲等大學，並於彰化鹿港從事文化創意工作。

提　要

　　本文旨在以德國哲學家卡爾・雅斯培（Karl Jaspers，1883～1969A.D.）所提出的「軸心時代」（Axial Age）理論為基礎，比較代表中國哲學之源的《周易》，與做為西方哲學源頭的希臘亞理斯多德（Aristotle，384-322B.C.）思想中，關於宇宙與人生所進行的觀察和思考。

　　文中首先探討中華與希臘兩個古文明的歷史文化背景，以了解此二文明如何從巫術信仰與神話時代，而轉型進入哲學突破與精神超越的軸心時代。再從本體論（Ontology）、宇宙論（Cosmology）、認識論（Logic）、倫理思想（Ethics）與政治思想（Politics）等範疇，比較二者間主要內涵的異同之處。

　　並於論文中分別論述自軸心時代迄今二千餘年來，《周易》與亞理斯多德天人哲學思想的傳承與演變情形，以及二者於當今的時代所具有的現代價值。作者於論文結尾處特別強調以《周易》占卦輔助心理諮商，如榮格（C.G. Jung，1875～1961A.D.）提出的關於將《周易》占卦決疑的過程，視為是一個獨特的「共時性心理現象」（Synchronous Psychological Phenomenon）。而亞理斯多德的倫理學，則直接影響丹尼爾・高曼（Daniel Goleman，1946～）影響廣遠的EQ理論之提出。

　　《周易》與亞理斯多德思想宛若來自於軸心時代的兩座思想高峰，此兩座高峰二千餘年來始終對人們的思維產生甚為巨大的影響力，並且對現今人們生活的影響亦未曾衰減，此雙峰標誌著人類理性智慧發展的高度。本文以文明思想比較的方式，嘗試探討其二者間一些面向的異同之處，希冀對人們心靈智慧的提升與幸福生活的促進，能產生一些助益。

目　次

第三冊　蘇軾易學與古文融攝之研究

作者簡介

　　石學翰，男，台灣雲林人，高師大經學所碩士，爲黃忠天教授門下，現爲高雄師大國文所博士生。主要研究方向在於北宋易學、宋代學術、宋代理學及現代詩，單篇論文有〈老莊派易學初探〉、〈略探韻圖中的易學思想與價值 以邵雍「聲音唱和圖」聲母系統爲例〉、〈論「人間詞話」「詩詞立題」〉、〈試論多媒體融入現代詩學之優缺〉等。

提　要

　　宋代古文大家蘇軾（1037～1101），學者多以其文學成就觀之，蘇軾文學成就中其詩、詞之研究不勝枚舉，然蘇文之研究篇章，以名篇鑑賞、修辭歸納分析與章法結構析論爲主，若就易學與古文融攝層面來看，尚有可開發之處。

然而欲探討蘇軾易學與古文融攝，或可先釐清蘇軾易學與文學融攝思想體系之淵源與脈絡，蘇軾此思想與其他唐宋古文大家相關性、密切性，以及其中承襲淵源、創新或異同之處究竟為何？亦是本論文關注之面向之一。近來已有不少學者開始注意蘇軾之經學成就──《東坡易傳》、《東坡書傳》、《論語解》，其中《論語解》因亡佚而較少研究，在重要易著《東坡易傳》之研究，多深入探討其易學思想，或引朱熹（1130～1200）論《東坡易傳》為「文人之經」之說作為批評。但若就易學與古文融攝之層面探討，或可探討其中所呈現之文學特色，甚至重新審視朱熹之說；若探討蘇軾文學成就與經學思想之關聯，海峽兩岸亦有不少前輩名家進行探析，然學者多舉詩、詞為例探討二者之關係，而古文則可進一步針對易學與古文融攝之面向，深入探究各類作品。整體而言，本文由易學與文學融攝思想之形成與脈絡，切入蘇軾易學與古文融攝之主題，並進行其《東坡易傳》與古文作品之分析。故本文依循前輩名家所探究豐碩成果為基礎，探討蘇軾易學、古文二面向之相互融攝，達到相輔相成之境界，或由此體會蘇軾「千古風流」學術地位之新樣貌。

目　次

第四冊　《詩經》音律研究

作者簡介

　　李荀華，浣石軒主人，廣東嘉應學院文學院教授。湘籍，不惑有年，肖牛，吃的是草，擠出的是奶，勤勤懇懇，任勞任怨。先後就學於湖南師範大學、武漢大學、中山大學文學院，雖師從名師，但頑石不開，所學不精。教書，三十寒暑，勉強；做詩，新舊兼之，糊塗；寫小說，讓人哭笑，騙人；搞《詩經》音律，二十度春秋，有點興趣、有點感悟、有點心得。靠它站在講臺上眉飛色舞；靠它評職晉升。做成了《詩經音律藝術》、《詩經音律的美學建構》、《詩經音律研究》三個小本本和一些所謂論文，見笑方家。二流大學，三流才識，知足。閑來垂釣碧溪上，愜意。

提　要

　　全書分本因論、形成論、構成論三大部分.本因論——詩樂舞三位一體的

生存模式，探討了詩和樂的關係，從而論證了《詩》律對樂律的依存性。形成論——音律是詩歌本客體因素孕育的物。包括《詩經》音律形成的本體因素以詩合樂、以樂正詩、辨樂分輯三個方面和四個客體因素周代音樂的繁榮《詩經》音律以聲傳情提供了表現依據；賦、比、興等表現手法的利用於詩歌創作《詩經》音律的建構提供了表現手段；中和審美原則的確立《詩經》音律的審美走向提供了美學標準；《周易》隱詩的音律結構《詩經》音律的生提供了文學基礎。構成論——音律是建構詩歌諸元素整合的物。從《詩經》言句構建特徵、重言組合特徵、平仄運用特徵、章句複遝特徵、韻式處理特徵等級五個方面分析了《詩經》的音律模式和美學特點。

目　次

第五、六冊　孫詒讓《周禮》學研究

作者簡介

　　葉純芳，臺灣臺北市人，一九六九年生，東吳大學中國文學研究所博士班畢業。師從許錟輝先生、林慶彰先生。曾任國科會人文中心博士後研究、東京大學東洋文化研究所外國人研究員、北京大學儒藏中心客座研究員。曾任東吳大學、臺灣大學兼任助理教授。現任北京大學歷史學系專任講師。已出版專著《孫詒讓名原研究》，合編《楊復再修儀禮經傳通解續卷祭禮》、《影印宋刊元明遞修本儀禮經傳通解正續編》等書，發表論文二十餘篇。

提　要

　　孫詒讓（1848-1908），是晚清浙江地區對經學、子學、古文字學、文獻學各方面都有卓越貢獻的學者。在他所有學術著作中，以《周禮》學的成就最高。

　　孫氏二十六歲著手從事《周禮》的研究，三十年間，完成了《周禮正義》八十六卷、《周禮三家佚注》一卷、《九旗古義述》一卷、《周禮政要》二卷；另有收於文集《籀廎述林》中的〈徹法考〉、〈聖證論王鄭論昏期異同考〉、〈嘉靖本《周禮》鄭注跋〉等文；以及未刊稿《十三經注疏校記》中的《周禮注疏校記》。所涵蓋的內容，從經文的校勘、輯佚、注解，到名物制度的訓釋，以及經義的闡發。

　　孫氏研究《周禮》，並非偶然，而是來自父親孫衣言對他的期許。孫父畢生遵奉南宋永嘉學術，永嘉學者研究《周禮》，期以託古改制的方式，對當時弊政有所改革。孫父深善之，以為讀書應以經世致用為目的，因此自孫氏「勝衣就傅」，即親授《周禮》。不過孫氏個人偏好乾嘉學者的治學方法，他在〈答日人館森鴻書〉中即表示「詒讓自志學以來所最服膺者也」。綜觀孫氏的《周禮》學著作，除《周禮政要》外，皆以此法治經。

　　孫氏相關《周禮》的著作，不僅為晚清學術界做了總整理的工作，亦可視為清代《周禮》學的集大成者。章炳麟即稱孫氏《周禮正義》為「古今言《周禮》者，莫能先也」，給予極高的評價。曹元弼則以為「孫氏《周禮正義》博采故書雅記，疏通證明，雖於高密碩意間有差池，而囊括網羅，言富理博，自賈氏以來，未有能及之也」。雖對孫氏駁正鄭玄處頗有微詞，基本上是肯定孫氏成就。現代的學者，更無不以孫氏《周禮正義》一書作為通解《周禮》經義的必讀著作。

　　歷來論孫氏《周禮》學者，主要將重心放在《周禮正義》。筆者希望在此基礎上，將孫氏所有《周禮》學著作做一全面的探討，以期展現孫氏研治《周禮》的整體成就。因此，本論文以「孫詒讓《周禮》學研究」爲題，首要目的，是探討孫詒讓《周禮》學如何形成，並將孫氏一生對《周禮》的研究分爲證經時期與用經時期，來說明孫氏學術的轉變。其次，筆者要探討孫氏的《周禮》觀、解經方法以及孫氏的《周禮》學在經學史上的價值。

目　次

第七冊　論《春秋》的屬辭比事

作者簡介

　　林秀富，女，1965 年 11 月生，輔仁大學中國文學系所碩士，正在進修博士。曾任職於蘭陽技術學院、輔仁大學。在蘭陽期間，參與編纂《續修頭城鎮志》、《蘭陽教學奇航——四位國文老師的教學實錄》等書。

提　要

　　屬辭比事，根據鄭玄的解釋，是指《春秋》所載錄的內容。因三傳解經有互異的情形，范甯提出以己意解經，經唐、宋人推闡，屬辭比事就成為解釋《春秋》的方法。這種方法分化出兩條途徑，一是經傳互考，二是捨傳解經。經傳互考並未捨棄三傳之說，是以擇傳解經為基礎，進而承繼杜預的傳例而樹立經例，藉以衡定三傳異說的經文，或考驗三傳同說的經文。捨傳解經則受宋代心學影響，認為可用人心之所同然之理做為解釋經義的基礎，而且經作於前，傳成於後，以為經義不待傳而明。然經文簡約，既捨傳，就必須另立新法，於是有經例與依禮說經二途。這種解釋方法終難不援事說經，元代以後仍然回到不廢傳的主張。至清初，受樸學影響，一方面抨擊唐、宋人的空疏，另一方面則力振漢學，而恢復三傳（尤其《左傳》）的解經地位。這是屬辭比事法所展開的發展。屬辭比事的發展顯出解釋《春秋》所遭遇的困難與突破。從語言組成的角度來看，屬辭比事的確隱含若干可能的途徑。

目　次

《左傳》辭令研究

作者簡介

　　李青苗：1976 年出生於吉林省白城市。東北師大文學院，本科，碩士，博士；吉林大學文學院，博士後。東北師範大學文學院教師，副教授。專業：古代文學與文獻；語言學及應用語言學。

　　主持或參與國家社科項目，教育部等部委項目，吉林省社科項目，東北師大青年基金項目、青年團隊項目等 10 餘項。近年發表 CSSCI、核心期刊等論文 10 餘篇。主編、參編教材兩部。獲得省級、校級獎勵多項。

提　要

　　所謂「辭令」，是指經過修飾和斟酌的言辭，一般用於應對往來使者或議論政事，它廣泛地運用於各種領域。《左傳》中的辭令極富特色，多年來，人

們從不同的角度對其進行分析和研究。

《左傳》中的辭令，主要是外交辭令，即說話者爲了維護國家利益而與對方進行辯解、商議、應酬、感謝、責備等的言辭。辭令主體以行人外交家爲主，但也有臨時發揮作用的商人，平民等；另外，還有一些言辭，並非發生在外交場合，只是一些非正式的類似日常的交流，但也是經過深思熟慮的語言，使聽話者理解得更加深刻，或者聽出了話語的言外之意，我們也把它算作辭令。豐富的辭令是當時諸侯國交往密切，外交活動頻繁的直接結果。

正文部分第一章先從形式上對《左傳》的辭令進行了分類：辭令可以從多個角度進行分類，因爲它發生的主體是不同的，上下等級之間由於各自的地位和目的不同，說出的辭令風格當然也就大不相同；辭令發生的場合也不相同，在宴享朝聘的場合，觥籌交錯之中，人們常賦詩相對，溫文爾雅又含蓄委婉，在戰爭等急迫的情勢之下，辭令則一般短小，簡明；辭令之所以達到了一種文采斐然、典雅豔麗的效果，很大程度上是因爲運用了多種修辭手法，比如對偶的運用可以增強節奏感和音樂美，運用排比和反問可以達到一種加強語勢的效果等等。

第二章談的是辭令展開的敘事視角。本章裏我們擬用烏斯賓斯基的視角理論來探討《左傳》辭令賴以展開的敘述視角問題。《左傳》辭令中，絕大多數都是男性的聲音，女性人物的敘述聲音是十分微弱的，話語的方式還多以勸諫、議論、申訴等形式來展開。

接下來談的是《左傳》辭令展開的時間視角。《左傳》是一部編年體的史書，實錄歷史的性質決定了它的主要敘述方式應該爲順敘，在順敘的過程中，又常常打破時間的限制，採用倒敘、預敘等形式，空間層面的視角引用熱奈特關於視角類型的一個經典概念：「聚焦」，《左傳》中的敘述者是以非聚焦爲主，內聚焦和外聚焦相結合的方式進行敘述的。心理層面的視角在《左傳》中首先體現爲作者對筆下的人物傾注了豐富的思想感情，或愛或憎，或褒或貶。另外，《左傳》當中普遍存在二元對立模式。其德義視角體現了作者的價值傾向。

第三章從符號學角度來談《左傳》的辭令問題。首先談的是象徵系統。

《左傳》中引用了多處《周易》中的例子，《周易》中的一個基本範疇就是「象」，它指的是客觀存在的事物，也指卦象，古人從客觀事物中抽象出各種卦象，又以卦象來象徵各種人間禍福和宇宙變遷。《左傳》象徵系統的另一個系列就是各種禮儀。禮儀是禮的外在表現形式，即符號形體（索緒爾所說的

能指），但是由它可以透露出禮的實質內容。《左傳》象徵系統的另一個重要組成即書中的各種理念，如德、信、忠、敬等等，還包括許多先秦典籍中都存在的「正名」思想。

接下來談隱喻。隱喻和轉喻是符號學中重要的概念，隨著研究的不斷深入，人們也在不斷發現語言中存在的隱喻和轉喻現象，《左傳》中就有很多這類現象，本文想談的是其在辭令中委婉語方面的表現。

然後談引用問題。《左傳》中辭令的形式豐富多樣，極富特色，其中引用是一種典型的形式。主要談引《詩》、引《易》和引謠諺的問題。

第四章要說的是《左傳》辭令中賦詩與禮的關係和辭令的價值取向。賦詩是《左傳》辭令中一種獨特的形式。這種辭令形式在外交中不僅能委婉含蓄地表達意思、解決矛盾，同時還能體現出個人的學識修養，賦詩的產生、發展以及最後的消亡都與禮有著密切的關係。《左傳》辭令體現出一種懲惡揚善的價值取向。

第五章討論的是《左傳》辭令中崇禮的風尚。作為中國古代一部著名的文史著作，《左傳》毫無疑問會體現出中國傳統文化的特點，書中的辭令，可以說集中體現了這一點。全書中禮一直作為評價人和事件的標準。行人們對禮的運用，使辭令表現出典雅、含蓄的特點。另外，禮的約束作用也使辭令具有某些固定的特點。

目　次

第八冊　皇侃《論語義疏》與刑昺《論語正義》解經思想比較研究

作者簡介

　　王家泠，台灣台北人，台灣大學中國文學研究所博士候選人，從事中國經學史、思想史研究。已發表的單篇論文有〈錢穆先生的「宋學」精神〉、〈劉敞、歐陽修、王安石三家人性論與聖人觀析論──兼論其與程朱理學的幾點思想差異〉、〈從王弼「性其情」說到程頤「性其情」說〉、〈近三十年來對易占具重要參證價值的考古文獻綜述〉、〈魏晉南北朝「神明」觀念的變遷〉等篇。本論文由何澤恆教授指導。

提　要

　　在中國「以述爲作」的注疏傳統中，經部典籍不僅存在著經學方面的問題，同時也蘊含有哲學思想的問題。南朝梁代皇侃的《論語集解義疏》，與宋初邢昺領銜下所編纂的《論語注疏解經》（又稱爲《論語正義》），是《論語》學史上兩部分別具有不同承先啓後重要意義的代表之作，同時也是由六朝「義疏」體過渡到唐宋「正義」體的重要經學史文獻。本論文之寫作，是希望透過比對這兩部《論語》注疏中的解經思想，梳理出從魏晉六朝到宋初之間，思想義理的發展脈絡。特別是邢昺《論語正義》既是本於皇《疏》刪改而成，在刪改與承繼的過程中，流露出一種怎麼樣的學術思潮轉變與發展樣貌，是本文所集中關切的主題。爲了更有效的呈現此一思潮轉移的發展線索。本文所採取的方式，是先選擇幾個關鍵性主題爲綱目，透過這幾個綱目主題的討論，逐步梳理出皇《疏》與邢《疏》在整體思想內涵上的轉變。

　　本文共分五個章節，在第一章「緒論」中，筆者初步交代皇《疏》與邢《疏》在經學史與思想史中所代表之雙重意義，並簡述本文之取材及研究方法。第二章「皇《疏》與邢《疏》解經思想中的人性觀比較」，透過對兩《疏》中「性」、「情」……等概念定義之解析，做爲探討皇《疏》與邢《疏》思想觀點的起點。第三章「皇《疏》與邢《疏》解經思想中的『道』與『理』」，探討兩《疏》解經思想中「道」、「理」意涵的發展，及其所流露出之天人觀念轉移。第四章「皇《疏》與邢《疏》解經思想中的聖人之教」，接續前章脈絡，討論兩《疏》解經思想中聖人形象與聖人之教的意涵。第五章「結論」，總結全文，統整皇《疏》與邢《疏》在整體思想趨向與解經態度上之差異，嘗試探求其中所反映出之時

代思潮發展態勢。

目　次

第九、十冊　中庸哲學研究

作者簡介

　　楊少涵，河南桐柏人，副教授，碩士生導師。1999 年 7 月畢業於鄭州大學，獲文學學士學位。2006 年 3 月畢業於南京政治學院上海分院，獲哲學碩士學位。2009 年 6 月畢業於上海復旦大學，獲哲學博士學位。2011 年 6 月於上海師範大學博士後出站。現任教於華僑大學哲學與社會發展學院。先後在《道德與文明》、《人文雜誌》、《江淮論壇》、《雲南大學學報》等刊物發表學術論文近二十篇。校理古籍《中庸集說》（衛湜著，灘江出版社，2011 年）一部。

提　要

　　本書系統論證了儒學內化發展中的《中庸》哲學思想。

　　本書認為，孔子的心性之學包括兩個部分，即「心學」與「情學」。心有認知和良知兩種功能，人有感性情感和道德情感兩種情感。加強禮的學習和認知以規約培養感性情感，或者按照良知之心和道德情感行動，都可以成就道德。孔子之後，按照前者成就道德的是儒學之外化，其集大成者是荀學；按照後者成就道德的是儒學之內化，其集大成者是孟學。

　　儒學內化就是道德情感與良知之心內化為天命之性，成為道德實踐的內在本體和形上根據。《中庸》作為思孟學派的早期作品，承擔著為儒學建立道德本體和尋找道德終極根源的形上課題。在這兩個課題中，道德情感都具有本質的意義，所以《中庸》初步建立起來的儒家形上學可以說是一種情感形上學。但《中庸》只完成了道德情感的內化，良知之心的內化是由孟子完成的。

　　宋明時期，孔子的「心學」得到充分發展，孔子的「情學」卻隱而不彰。理學兩派都屬孔子的「心學」，朱子是孔子「心學」之認知派，陸王是孔子「心學」之良知派，兩派的分歧是孔子「心學」內部的論爭。直到明末劉蕺山，才重新認識到道德情感的重要地位，並在一定程度上複歸了思孟學派心性情爲一的義理結構。

目　次

第十一、十二冊 「儒家八派」的再「批判」──早期 儒學多元嬗變的學術史考察

作者簡介

　　宋立林，字逸民，號瘦竹，1978 年生，男，山東夏津人，歷史學博士，

曲阜師範大學孔子研究所孔子與中國文化研究室主任，孔子研究院特聘研究員，《孔子學刊》副主編。

研究領域爲孔子與早期儒學、儒家文獻研究。在《哲學研究》、《中國哲學史》等刊物發表文章 40 餘篇，出版《孔子家語通解》、《新出簡帛注釋論說》、《孔子文化十五講》（合著）等著作，現主持國家社科基金青年項目「孔門後學與儒學的早期詮釋研究」。

提　要

一部儒學思想發展史就是孔子思想在不同時代被闡釋、詮釋之歷史，而以「儒家八派」爲代表的早期儒家正是此闡釋、詮釋歷程之開端，亦爲孔子思想得以深化之第一階段。《韓非子・顯學》有「儒分爲八」之說，關涉先秦儒學史甚巨。二十世紀四十年代郭沫若氏有「儒家八派的批判」之作，得失參半。今日簡帛文獻出土，對此公案予以「再批判」，對早期儒學傳承進行系統研究、理性反思，不僅十分必要，而且條件完全成熟。

本書緒論部分，回顧「儒家八派」研究史，指陳利弊得失，對以往研究方法進行批判性分析。第一章則就「儒家八派」形成之內因外緣予以考察，將之放在儒學發展史的宏觀視野和戰國時期思想學術的大背景下予以考察，既探究內因，亦考察外緣。第二章對「儒家八派」的以往舊說予以辨疑與考證，揭示韓非「儒分爲八」說之非客觀性，並利用新資料就儒家八派之問題予以梳理，加以新證。第三章利用《孔子家語》與大小戴《禮記》對「儒家八派」及相關問題進行了深入研究。第四章利用新出土簡帛文獻對「儒家八派」及相關問題進行進一步探討。此二部分爲本書之主體，於學界流行成說多有批駁指正。本書結語部分，指出由儒家八派之再探討，可知早期儒學的發展歷程，經歷了一個「正—反—合」的辯證的多元嬗變歷程，而子思則處於核心地位。

目　次

第十三冊　荀子禮樂思想研究——從禮宜樂和看荀子哲學的道德之維

作者簡介

宋寧寧，1981 年 2 月生，女，山東威海人。本科就讀於山東大學哲學系，隨後入中國人民大學哲學院，繼續攻讀碩士、博士研究生學位。2009 年畢業，哲學博士。師從姜日天教授，主要研究方向是先秦儒家哲學，曾在國內核心期刊發表數篇有關先秦儒家哲學思想的論文，對先秦儒家哲學思想有著深厚的情感和信仰。現供職於石油化工管理幹部學院，從事科研宣傳工作及企業文化方面的研究。

提　要

中國自古就有「禮儀之邦」的稱謂，禮樂文化的傳統可謂源遠流長。從孔子禮崩樂壞的感歎中我們知道，至少西周時期被認為是一個禮樂文化盛行的時代。而在進入到春秋戰國時期後，以禮樂為特徵的文化也開始逐漸脫離了原始形態，朝著理性思潮的方向演進。在經過了近 500 年的禮崩樂壞之後，戰國後期逐漸出現了天下一統的新趨勢。為了擺脫社會群體及個人精神茫然失落的狀態，哲人們開始以理性的目光重新審視人、社會以及自然，深層次地思索其存在及終極關懷等問題，試圖重建人與社會、人與自然的和諧統一世界。而這一目標的實現必須建立在新的關涉人、社會及自然的價值體系和規範體系之上。當然，這一新的價值和規範體系必須是建立在合理的解釋說明基礎之上的。這其中，荀子對禮樂文化的理論探討即是一次深入的，有創新的歸納整合。即在承認禮儀規範及和諧美感等作用的基礎上，將禮樂納入道德修養及社會規範之中。文章首先對荀子其人其書及其禮樂思想進行了一個基本交代，並且綜述了目前關於荀子思想的研究現狀，隨即探究了禮樂思想的源泉，試圖釐清西周後期至荀子前禮樂思想的發展脈絡。在荀子對儒家禮樂思想所遭遇批判的回應基礎上，明確了禮樂之「美善相樂」的終極和諧意義之所在。

目　次

第十四冊　「禮義之統」：荀子政治哲學研究

作者簡介

　　胡可濤（1979～），男，江蘇灌雲人。淮陰師範學院法學學士（2002），南昌大學哲學碩士（2005），清華大學哲學博士（2009），香港中文大學訪問學者（2012）。曾任教於江西師範大學政法學院，並擔任江右思想文化研究中心，道德與人生研究所專職研究人員。現爲中國礦業大學馬克思主義學院講師，中國哲學專業碩士生指導老師。曾在《哲學動態》、《文化中國》（加拿大）、《鄭州大學學報》等學術刊物發表論文 20 餘篇。著作《宗教生死書》（合著）（台灣華成圖書出版股份有限公司，2004 年版），《爲什麼美國人恨政治》（合譯）（上海人民出版社，2011 年版）。主要學術興趣：先秦哲學、政治哲學、中西

哲學比較等。

提　要

　　荀子是先秦思想的集大成者，也是儒家最富原創力的思想大師之一。他與孟子從「外王」與「內聖」兩個不同的方向繼承和發展了孔子儒學，對後世思想乃至現實都產生了極其深遠的影響。論文從政治哲學的研究視野出發，以「禮義之統」為主題，對荀子的外王思想進行闡釋。

　　論文首先從荀子的天道觀與人性觀展開。「性與天道」問題是荀子政治哲學構建的邏輯前提和理論基礎，荀子政治哲學的形上高度以及價值依託由此奠定。接著，需要探討的是，荀子是通過什麼樣的方法進行政治哲學建構的？「知通統類」作為聖人高明的道德智慧，它具有追求確定性，從具體到抽象、個別到一般的理性化、客觀化的理論傾向。「禮義之統」實質是「統類之道」坐實於歷史文化的產物，是一種「客觀精神」的體現。

　　繼而，「禮義」如何從抽象的「客觀精神」轉化為具體的制度規範？這使得荀子轉向吸納早期法家政治哲學的思想和方法。然而，荀子並非照搬法家的「法」思想，而是將法家的「法」進行了儒家道德化的改造。這種改造使得「禮」、「法」呈現了一體化的結構，構成了荀子政治哲學的一個重要特徵。

　　與之同時，雖然「禮義」在儒家那裏主要呈現「價值理性」的特徵，不過，在荀子看來，它可以演化為一種具有工具理性特徵的「禮義之道」（「禮術」），以更具有實踐性和可操作性。論文圍繞荀子的「為君之道」、為臣之道」、「王霸之道」、「為兵之道」和「論辯之道」等五個問題展開，從微觀上對荀子政治哲學的內容進行細緻的剖析。

　　在對以上四個環節梳理的基礎之上，論文將揭示荀子政治哲學的思想旨趣——「政教貫通」問題，這也是「禮義之統」的本質性特徵。在荀子政治哲學之中，有序社會的建構與有教養的人的塑造不僅是一致的，而且歸根結底，後者是前者的歸宿。放在現代性的視野，儘管以荀子的「禮義之統」為代表的儒家政治哲學存在著時代的限制，然而，卻也為消解現代性政治的危機提供了一條可能的路徑。

目　次

第十五冊　《韓非子》「利」觀念之研究

作者簡介

　　王眞諦，台北市人，中國文化大學哲學碩士、中國文化大學哲學博士候選人，現爲公務人員，著有〈論先秦孟、荀「利」觀念的演變與發展〉、〈從王充的〈問孔〉和〈刺孟〉探究孔孟可問可刺者究竟爲何〉、〈王充對鬼神存在的破與立〉、〈牟宗三對王充性命論理解之評析〉、〈從〈非韓〉探究王充對韓非哲學的理解〉、〈《老子》「利」思想的辯證研究〉、〈王充的哲學是否爲懷疑哲學——李約瑟觀點的商榷〉、〈王充頌漢的目的及方法析論〉、〈當代義利之辨研究類型的探究〉等單篇論文。

提　要

　　歷來對《韓非子》哲學的研究，大都集中在法、術、勢理論、人性或刑名論的探討，鮮少針對其「利」觀念作深入的探討。其實韓非所強調的法、術、勢理論，實爲其對治「利」問題的工具理論，因爲韓非哲學的立論基礎乃以群體治亂爲思考起點，而群體治亂之關鍵實爲「利」的問題，故韓非藉由法、術、勢等工具論，探討義利問題的解決之道，與先秦儒家重義輕利的態度大異其趣，他不僅重視「利」，更反省「利」的問題，因利有其公私、大小、長短之分，若無法有效地調和與控制，勢必形成公私異利的情形，造成群體內部價值的對立與矛盾。因此，欲客觀理解《韓非子》倫理哲學的核心，「利」觀念的還原與重建是十分重要的，本文之目的不僅在客觀呈現韓非「利」觀念的理論脈絡，並藉由對其「利」觀念方法與目的之探討，客觀地評價《韓非子》「利」觀念的價值，並論證其內在意涵與最終目的，同時深化吾人對義利之辨的認識，及其意義的重估。

目　次

第十六冊　先秦兩漢陰陽兵略

作者簡介

　　王智榮，一九五四年出生於台灣宜蘭。國立中山大學中國文學研究所暨國防大學政治作戰學院政治研究所畢業，獲有中國文學、法學雙碩士學位，香港珠海大學中國文學研究所博士，師承著名漢學家，香港大學名譽教授何沛雄博

士。曾任國軍連、營級輔導長、旅處長、國防部高司參謀、師主任、陸軍步兵學校暨陸軍訓練指揮部政戰部主任、陸軍第八軍團政戰部副主任。現任國立高雄應用大學、實踐大學、樹德科技大學兼任助理教授。 著有《先秦兩漢陰陽軍事思想研究》、《周易軍事思想之研究》、《周易兵略》、《胡漢民政治人格之研究》、《易學與兵學之研究》（曾獲第二十八屆國軍軍事著作作戰類佳作獎）、《論左傳戰事的「筮」》、《論春秋左傳鞌之戰》、《易學變易思想與孫子兵法辯證思維研究》、《上古戰略思想──周易之〈師〉卦析探》、《周易蘊含的戰爭哲理》、《淺釋易學對軍人「內聖工夫」之啓發與存養》、《老子戰略思想之研究》、《司馬遷－史記軍事論述之易、老陰陽思想析探》、《黃老陰陽軍事思想析探》、《雜家淮南子陰陽軍事思想析探》、《雜家呂氏春秋陰陽軍事思想析探》、《周易、老子軍事思想比較研究》等多篇論文。

提 要

　　有軍事思想然後有兵略，據《淮南子‧兵略》注：「兵，防也，防亂之萌，皆在謀略，解論至論，用師之意也，故曰『兵略』。」先秦時期是蘊育與開創陰陽軍事思想的關鍵時期，秦代以迄兩漢則爲受其陰陽軍事思想影響極深的時期，本書期藉陰陽軍事思想以探討兵略。其如：

　　《周易》是植根於陰陽之軍事思想，其變易軍事辯證思維與剛柔軍事辯證思維，可轉換爲戰略上之奇正、虛實陰陽軍事思想。

　　道家《老子》思想如「不以兵強天下」、「以奇用兵」、「不爭」、「虛靜」、「慈戰論」等等，形成其陰陽軍事思想。

　　陰陽家運用天象、曆算、音律、陰陽五行、望氣候星、龜策機祥等陰陽術數專長，乃成爲影響戰爭勝敗之陰陽軍事思想。

　　兵家者流，《漢書‧ 藝文志‧ 兵書略》云：「陰陽者，順時而發，推刑德，隨斗擊，因五勝，假鬼神而爲助者也。」乃爲其陰陽軍事思想

　　雜家《呂氏春秋》、《淮南子》，其將前代兵學思想予以融合貫通，並將儒、墨、道、法、陰陽等之哲學、政治思想，內蘊、轉化爲其陰陽軍事思想。

　　黃老思想面對新時代、新政權以及殘酷的戰爭環境，以「作爭」的尊陽卑陰軍事思想，圓融替代老子的陰柔「不爭」軍事思想。

　　而《史記》受《周易》、《老子》陰陽思想影響極深，亦瞭解兵凶戰危的可怕，其最終之軍事思想是「愼重兵事」反對戰爭。

　　本書研究發現，無論何種兵略，應以「不戰而屈人之兵」及「少殺伐」爲

最高指導原則，且以保護自己的生存空間爲首要目的，非以戰勝與殺戮爲唯一的選擇，人類亦應瞭解兵凶戰危之可怕，進而慎於兵事，發揚「生生之德」與「太極和階」之思想，達到息戰、止戰之目的。

目　次

第十七冊　淮南鴻烈思想研究

作者簡介

　　陳麗桂，臺北市人，一九四九年生，國立臺灣師範大學國文學系博士，曾任國立臺灣師範大學國文系主任、實習輔導處長、文學院院長等職，現爲國立臺灣歸師範大學國文系教授。多年來從事於黃老之學、漢代學術思想，與近四十年出土簡帛文獻之研究，著有《王充自然思想研究》、《淮南鴻烈思想研究》、《戰國時期的黃老思想》、《秦漢時期的黃老思想》、《中國歷代思想家——王

充》、《中國歷代思想家——葉適》、《新編諸子——淮南子》等書，並發表相關於上述三領域之研究諸文約百篇，又曾受國家圖書館漢學中心之委託，主編《兩漢諸子研究論著目錄 1912～1996》、《兩漢諸子研究論著目錄 1997～2001》、《兩漢諸子研究論著目錄 2002～2009》等書。

提　要

　　西漢淮南王劉安率領其門下食客所編撰的《淮南子》，不但是西漢道家思想的代表作，也是戰國以來黃老思想的集大成之作。它以先秦老莊思想為主軸，融合儒、墨、名、法、陰陽等各家學說，順應著時代需求，將老莊學說朝著人事應用與事功方面去轉化，由本體而創生，而應用，由形上到形下，推闡、顯實老莊之學，卻也終於轉化了老莊之學。

　　它窮盡一切時、空概念去詮釋、顯實老莊的本體「道」，俾便於人理解、掌握和應用。它借用《莊子・齊物論》七句話為間架，圍繞著《老子》「道生一，一生二，二生三，三生萬物」的命題，開展出秦漢，也是中國哲學史上氣化宇宙實論的基本模式。它依循老、莊神重於形的修養要旨，暢談形、氣、神的關聯，論後期道家形、神互依、交養的修養理論，並提醒人：居住環境與水質對人體健康的影響。它參酌尚實派法家《管子》裡公平厚道的法論，結合了儒家仁義恩厚的思想，去調和申不害、商鞅、韓非一系，以尊君為最高目的的政治理論，轉化為君臣互動，重民本，公平合理的政論。它總集三代以來各家用兵之精髓，鎔鑄為本仁祖義，貴隱尚虛、講權謀、倚形勢、重陰陽、論技巧，也行間用奇的兵學理論，並詳述拜將之禮。它承襲先秦道家崇尚自然無為的傳統，以虛靜無為為行事的最高準則，並要求據此以建立事功。將「無為」詮釋為因順自然以求發展，將儒家的勤學觀點也納入「無為」的領域中，從而轉化了先秦道家「非學」的傳統，充分顯現出了老、莊而不入於老、莊，積極入世的後期道家風格。它的價值平等觀遙承《莊子》的齊物精神，而歸結於反對貴遠賤近，呼籲重視事物的真價值。它的天文學是上古天文知識的真實記錄。它的地理學含括〈禹貢〉九州與《山海經》的自然地理、人文地理，乃至神話地理。它那節令、物候與政令天人相合相搭配的理論，尤其遠承《周禮・夏小正》、《呂氏春秋》十二紀，而和《禮記・月記》同樣是規劃完整的古代官方政治作息理想年表。

　　此外，它還保留許多與他書不同的先秦文獻資料。全書行文既對仗，又押韻，也重修辭，處處是史料和典故，是研究文獻學與修辭學的好材料與好教本。

更特殊的是：它是典型的楚人著作，無論是表達的形態，還是遣用的語辭，處處呈現出楚風格，是研究楚文學與楚語文很有價值的典籍。

目　次

第十八冊　關洛學派思想關係研究——以張載、二程爲主

作者簡介

張金蘭，女，1970 年出生於內蒙古集寧市。1995 年畢業於陝西師範大學歷史系，同年，任教於內蒙古集寧師專。1999 年在北京師範大學研究生班進修，2000 年返校開始承擔「中國政治思想史」教學。自此，與中國傳統思想文化結下深厚情緣。2004 年師從陝西師範大學哲學系林樂昌先生研修中國哲學。2010 年取得中國哲學博士學位。這期間，先後在國內刊物（包括《中國哲學史》）發表多篇論文。2011 年起，在內蒙古師範大學哲學系從事中國哲學教學與研究。

提　要

本文以張載與二程爲主，對關學與洛學之間的思想關係作了比較全面系統的研究。文章在收集整理文獻的基礎上，以時間爲主線，將關洛關係分爲兩個階段：一是張載本人與二程交往和論學的階段；二是張載去世後，二程批評借鑒張載思想的階段，這兩個階段所涉及的主要問題構築起一個較爲全面的關洛思想關係。文章一方面對以往經常涉及的老問題，如張載與二程的學術淵源問題，張載與二程對「窮理盡性以至於命」的討論，二程對張載「清虛一大」的批評等，從新的角度給予分析，使研究更爲清晰而深透；另一方面對以往沒有引起關注的問題，如張載、二程京師論易，張載、程頤對「勿忘勿助」的討論，二程對張載心性思想的繼承與發展等，給予重視並進行了詳細地論證。對關洛

學派關係研究而言，文章不但從廣度而且從深度都拓展了研究的視閾。

目　次

第十九冊　張載哲學新探

作者簡介

　　謝榮華，男，1978 年生於江西。1999 年至 2005 年就讀於北京大學哲學系，師從陳來教授，專攻張載哲學思想。2002 年獲哲學碩士學位，2005 年獲哲學博士學位。曾在《中國哲學史》、《孔子研究》、《中國學術》等刊物發表《中國古代哲學中的「本體」概念考辯》、《「子奚不爲政」？──試論儒家的「爲政」

方式》等多篇論文及譯作,並爲中央電視臺國際頻道《語林趣話》節目撰寫《不貳過》、《見賢思齊》等關於儒家傳統文化的文章。

提　要

　　本文以大量的一手文獻資料爲基礎,以範疇分析方法爲基本工具,以西方哲學的有關理論擴展視野,圍繞文獻的準確解讀這一中心來彰顯張載哲學的主旨,並在此基礎上對已有研究做出自己的回應。論文以張載哲學中太虛與氣、神與化、性與命、心與物等四組概念爲中心,細緻分析了張載哲學思想中的天道觀和心性論,並在此基礎上對張載哲學做了重新定位。

　　論文分六個部分。「導言」部分概述了張載的生平,並對本文的研究目的與方法、論文的框架安排以及資料來源等做了說明。第一章爲「虛與氣」,探討張載哲學中的天道本體。太虛與氣之體用關係是在對治佛老二氏的要求下建立起來的,氣分廣義與狹義,太虛與氣是同質關係而非「相即」關係。第二章爲「神與化」,研究張載哲學天道流行的內在理則與價值意蘊。「神」與「化」一本於氣,它們作爲天德與天道,爲人之世界提供了價值基礎。第三章爲「性與命」,闡發張載哲學中由天到人的理路。張載的「性」之概念,本於氣之湛一本性與攻取之性,而落實於天地之性與氣質之性的區分,並爲人之命運提供了當然之則。第四章爲「心與物」,分析張載哲學中以人合天的進程。張載以心合內外爲基礎,確立了窮理與盡心的內外並重的修養路線,以聖人境界爲最後指歸,從而達到「民胞物與」的「大我」之境界。在「結語」部分中,通過對全文內容的回顧,作者指出,對張載天人哲學體系的總體定位,氣本論是合理的選擇。

目　次

第二十冊　陸門禪影下的慈湖心學——一種以人物爲軸心的儒家心學發展史研究

作者簡介

　　孫齊魯，原名孫海燕，男，1978 年生，山東鄆城人。2010 年畢業於廣州中山大學，獲哲學博士學位。現任廣東省社會科學院哲學與宗教研究所助理研究員，主要從事儒家哲學研究。在《中國哲學史》、《孔子研究》、《現代哲學》、《開放時代》、《鵝湖》月刊，《原道》等期刊發表學術論文 10 餘篇。

提　要

　　宋明心學是傳統儒學與佛教禪宗深度融會的產物。本書以慈湖心學為津梁，通過對慈湖心學與孔孟儒學、陸王心學、佛教禪宗之異同的辨析，較詳細地論述了宋明心學的產生、演變及其特色。指出了心學之融禪，不止於對佛禪修心法門和「無意」境界的吸收，更根本的是，受佛禪智慧的無意識熏陶，心學家已不自覺地將孟子基於現實倫理、自然情感和道德意識的「良知本心」，一定程度上轉變為頗類於佛禪基於內觀體驗的如來藏「自性清淨心」，建立了不同于傳統儒學「天本論」的「心本論」。此重大變異，加強了儒學的內證性和宗教性，對儒家道德人格的挺立、審美意境的提升、生命體驗的深化，乃至「了生死」都有重大意義。但由於對本心「自足自善」等特性的過度肯認，心學家一直無法正視客觀存在的公共知識問題，使儒學經世致用的品格有所減弱。心學對「血氣心知」的貶抑，打破了先秦儒學較合理的「情」、「理」、「欲」之動態平衡的人性結構，淡化了儒學的「世俗性」與「人間性」。慈湖的德行節操，更多地得益於佛禪的「覺悟力」、「戒持力」、「信仰力」，而非傳統儒家之「情感力」、「道德力」、「智識力」。慈湖心學，是宋儒「援禪入儒」中的極端化思想樣態，在儒家思想史上所具有的典型意義和警示作用，遠大於其思想價值本身。

目　次

第二一冊　朱子對北宋四子的理解與詮釋

作者簡介

　　游騰達，臺灣省桃園縣人，畢業於中央大學中文研究所、臺灣師範大學國文研究所博士班。以宋明理學爲主要研究方向，博士論文爲「湛甘泉哲學思想的發展與完成」，並發表有〈慈湖學說在明代中葉的迴響──以陽明後學評騭「不起意」說爲焦點〉、〈陽儒陰釋：論羅整菴、湛甘泉對楊慈湖的評判〉、〈唐君毅先生的朱子學詮釋之省察──以心性論爲焦點〉、〈論朱澤澐《朱子聖學考略》對「朱陸異同論」的文獻探析〉等多篇論文。

提　要

　　本文旨在探討朱子如何理解與詮釋北宋周濂溪、張橫渠、程明道與程伊川等四位大思想家，尋索爲朱子所重視、承襲並採納之以建立其自身學說系統的關鍵言論，因而討論的焦點集中於朱子參悟中和的過程、仁說的論議，及其對〈太極圖說〉、〈西銘〉的詮釋觀點。

　　在參悟中和方面，朱子首重伊川「心一也，有指體而言，有指用而言」一語，蓋此語與橫渠「心統性情」說極爲相似，依此朱子展開心性課題的探究，最終，使得自己的體悟能獲得伊川文獻的印合。

在仁說方面，復承繼伊川「仁性愛情」一語，提出「愛之理、心之德」來定義「仁」。前者是由「以愛論仁」一觀點發展而來，爲仁、義、禮、智四者並舉下的「仁」。後者則是指存在於吾人身上的「天地生物之心」，故包得四德，可爲眾善之本。但朱子對於明道的「識仁」工夫難以苟同，於是提出「克己」爲求仁的方法，並以之收攝伊川所言之「公」與明道所論之「一體」。

繼之，朱子又對濂溪的〈太極圖說〉、橫渠的〈西銘〉進行過詳盡的詮解。他以理釋太極，使二程之理與周子之太極重相銜接；又以無形表無極，以突顯出理的超越性。並且用伊川所指點的「理一分殊」來詮釋〈西銘〉，「理一」是指萬物同一本源，「分殊」則是說明具體實踐上，必有小大之分，親殊遠近之別。

由上述研究可看出朱子如何擷取四子之言來構築一套系統性的學說，另一方面也顯示出其致力於融貫諸子之說，以確立道學的思想內涵。

目　次

第二二冊　朱子倫理體系之考察

作者簡介

　　鄭素伊，加拿大 Queen's University 英美分析哲學碩士（1997）畢業後，在東海大學的蔡仁厚恩師之指導下，學習中國哲學。碩士學位論文（2000）是「朱子倫理體系之考察」。以後，在韓國國立首爾大學寫了「丁若鏞心性論之

變遷和展開」取得韓國哲學博士學位（2010）。現在首爾西江大學國際人文學部宗教學（儒教）專攻助教授。學術關心（area of interest）包括：儒教，性理學，實學，韓國宗教，中國哲學史。

提　要

本論文考察朱子之倫理體系。在學術界中對朱子的道德哲學已有許多廣泛而深入的研究；然學者們的研究方法，往往是以朱子思想發展及演變為主的歷史式的考察（縱貫研究法），或者是列舉朱子學說的各種論點，即範疇式的研究（橫貫研究法）。本論文是從朱子的道德觀中，抽出關鍵性的論點，釐清各論點之間的關係及脈絡。因此，本文所探討的範圍限於朱子晚年較為穩定的論點，故在時間的範圍上，沒有縱貫研究法之深遠。且因本文只抽出有關朱子道德問題的相關論點，故論點之種類，亦沒有橫貫研究法之廣泛。

筆者在本論文裡，企圖顯現朱子哲學（尤其是在道德問題上）的各種論點，有其內在的邏輯結構。在此目的下，將朱子的道德觀首先分解為心性論、理氣論及工夫論三段，該是合乎自然。朱子心性論是探討道德主體如何能夠實現道德；理氣論是說明道德本體之客觀、形上根據；工夫論是討論道德主體如何實踐道德之方法，以實踐來彌補主觀心性論和客觀理氣論之差距。

本論文首章成為一篇甚長的導論，考察「倫理系統」之含意及方法。從討論中西倫理學重點之不同出發，探究儒家之兩大系統，然後顯示朱子的道德觀就屬於儒家之「他律道德系統」。首章之主要目的在談及朱子道德哲學的時代意義。即證明朱子的思想除了在中國儒家傳統裡，自有開出並完成一派完整的系統的意義之外，還具有其他意義，即：在嚮往東西思潮交流的今天，朱子倫理系統能夠提供給現代西方倫理學一些互相匯通的思想線索。

第二章到第四章各討論朱子的心性論、理氣論及工夫論。第二章首先澄清朱子對心、性和情之看法，並陳述朱子「心性情三分」之架構。這一章亦分析朱子的「人心道心說」及「仁說」，進一步地考察這兩個論點在朱子倫理體系之位置。

第三章是說明朱子的理氣論。在道德形上必然根據的問題上，朱子有「理氣二分」之結構。筆者考察理氣之本質、關係及特性之後，探討人類和其他事物之理氣異同之問題，以顯現朱子的用心，乃是在於解決為什麼只有人能夠（且必須）實踐道德之問題。

第四章是探討朱子的兩種工夫論，一是向內收斂心情之涵養察識（居敬）

工夫，二是向外擴充知識之格物致知（即物窮理）工夫。在此簡略地說明這兩種工夫必須互發、相輔相成，才能達到朱子所謂「豁然貫通」之境界，即「下學與上達」的聖人之境界。

第五章是本文之結論，整理朱子心性論、理氣論、工夫論之互相關聯。此亦可謂是朱子倫理體系之綜合，證明朱子各種論點之一致性。因朱子哲學範圍之龐大，又因筆者對歷史考證之不足，故本論文不能稱爲朱子哲學之綜合研究，然以上述的基本架構爲基礎，希望此後能夠發展對朱子倫理思想較深入的研究。

目 次

第二三冊　陳白沙自得之學研究

作者簡介

　　許惠敏，臺灣宜蘭人。國立中央大學中文系學士，中文所碩士、博士。目前任職中央大學中文系博士後研究。已出版〈「學宗自然，而要歸於自得」──就戢山、牟宗三對白沙學的評論再次提出商榷與反省〉（收錄在《綠色啟動：重探自然與人文的關係》，遠流出版公司，2012 年 3 月）、〈論甘泉心與理的關係──從梨洲觀點說起〉（收錄在《黃宗羲與明末清初學術》，國立中央大學出版中心，2011 年 9 月）等數篇論文。

提　要

　　歷來研究白沙思想者，多因關涉問題過雜，致使白沙思想本身不明。筆者以為，固然對思想家的討論可以牽涉甚廣，但此廣度若不建基在一堅實穩固的基礎上，則此廣亦不過是泛泛的、不切題的廣；對白沙思想研究，筆者以為首重白沙思想本質要義為何──思想本質為何之判斷，主要依據牟宗三先生所謂儒家思想本質要義在於能否肯定心即理義，若能，即是心學──而本文的論述，確實也從此展開一連串的考察。在理論陳述方面，筆者承前人研究基礎，提出一個不同於以往的詮釋方式：一方面以白沙思想進程作為論述架構，另一方面又以「自得」作為此架構之基本精髓；以「自得」來貫穿白沙全幅義理內涵，其根據乃通過對白沙思想本質要義判斷而得。

　　又，通過此論文之疏理，確實也得到相當的成果：首先，從儒學本質要義做判斷，吾人可確信白沙確實從朱子理學轉而為肯定道德主體內在於我，心即

是理之給出者，是為心學家。又從此心學一義，亦可確定白沙心學特點不同於孟子、象山；此不同並非指對本體體會的不同，而是從工夫處言白沙未若象山信得及，因而對本體體會仍須求一超越的體證。承此論述，筆者也解決了牟宗三先生對白沙「實無孟子工夫」的質疑。接著，從白沙思想進程的發展，確實可以見出靜坐、自然、自得、虛體、靜等概念，在白沙思想發展中各自所代表的意義；同時，從白沙強調靜坐以悟體，到後來悟得本體本無分動靜，工夫亦無分動靜，只是真機活潑、自然流行，亦見得白沙思想發展之內在邏輯性。最後，通過東所、甘泉對白沙「自然」的吸收與承繼，再次見得白沙學的內涵與可能的發展。統體而言，對白沙思想的體會，唯有以「自得」二字，方最能掌握白沙全幅義理內涵。

目　次

第二四冊　聶雙江歸寂思想研究

作者簡介

　　陳儀，1981 年生，台灣台北人。2008 年獲中央大學中文研究所碩士。2012 年獲國科會補助博士生赴國外研究，赴加拿大布洛克大學（Brock University）哲學系訪問研究。研究領域包括先秦思想、宋明理學與康德哲學，主要關懷道德哲學、法權理論，致力探究當代社會中的倫理議題。心慕「浴乎沂，風乎舞雩，詠而歸」的生命情調，盼願實現「老者安之，朋友信之，少者懷之」的理想世界。

提　要

　　本論文題目為「聶雙江歸寂思想研究」，在考察現有關於雙江思想的研究成果後，筆者認為，陽明弟子與近代諸學者對於雙江思想的理解，一般注意在雙江區分寂感體用、未發已發，採取分解的方式來掌握良知，如是使得良知有析二、有缺的問題；開展至工夫論，亦衍生偏靜離動，及實踐動力缺無的困難。

　　然而筆者認為，對於雙江思想的研究，必須注意到其學術的基本關懷。由於雙江提出歸寂說，本意是希望藉由宣揚先師之教，以對治當時的學術弊病。雙江所謂的「宣揚」，實際上是自己對於陽明學說的「詮釋」，與陽明學說實存在著若干殊異，而筆者認為，正是在此殊異處，適能展現雙江所欲反省的學術問題，及其學說特色。

　　因此，本文欲從「雙江對陽明學說的詮解」此一面向切入，藉由探究雙江對於陽明學說的理解，重新釐清雙江歸寂思想及當中諸概念的實際意涵，確立歸寂思想的義理架構；進而，本文亦將分析歸寂思想本身是否一致而連貫，同時討論歸寂思想是否能容納於陽明義理系統，乃至於儒家心學系統當中。

目　次

第二五冊　「王學宗子」——鄒東廓思想研究

作者簡介

　　許聂偉，1982 年 11 月 27 日出生於府城，國立彰化師範大學國文碩士，目前於公立國中擔任國文科教師，座右銘——「義命對揚，即命顯義」。鍾情於中國哲學與現代文學兩個看似天差地遠的領域，曾發表單篇論文有〈論翁鬧詩論與詩作之關係〉、〈論鄒東廓的「主敬」思想〉、〈王國維「性」、「理」觀析探〉等，碩士論文為《王學宗子——鄒東廓思想研究》。

提　要

　　鄒東廓（守益，1491～1562）被撰寫《明儒學案》的黃梨洲（宗羲，1610～1695）推為「王學宗子」。然而，對於陽明後學的相關研究中，鄒東廓並未受到相對較高的重視，這可能是因為肯定鄒東廓為「王學宗子」的學者，由於鄒東廓「平實」的學風較無議題性可發揮，反倒將他給忽視了；而不贊同其為「王學宗子」的學者，則又因為東廓思想中富有宋儒色彩而加以質疑，但此否定卻又未加以細考，便稱其為「回歸宋儒」、「由王返朱」。因此，本論文旨要彰顯鄒東廓學說的主體性與獨特性，還給鄒東廓一個較公允的評價與地位。

　　本論文研究發現，鄒東廓能夠在陽明學的「本體與工夫為一」、「體用為一」、「寂感不二」、「致良知」等核心概念上準確地把握，並提出「見在本體工程」的概念，來反對「見成良知」與「主靜歸寂」之說，本論文並在鄒東廓「見在本體工程」的邏輯概念之下，來統籌論述「戒慎恐懼」、「主敬」、「自強不息」

等工夫理論，認爲其「工夫」乃是出於良知本體的「本體工夫」。而鄒東廓學說中的宋儒色彩，包括周濂溪（敦頤，1017～1073）的「主靜」、程明道（顥，1032～1085）的「定性」、程伊川（頤，1033～1107）的「主敬」是東廓在良知學的架構底下，重新進行理解與詮釋，以融入自身學說體系當中的，可謂豐富了良知學之內涵，而不能說是「回歸宋儒」。準此，鄒東廓爲「王學宗子」實當之無愧。此外，本論文研究也發現鄒東廓的家學與後學在繼承東廓的學說思想上，雖然延續著兢兢業業、戒愼恐懼，作實地工夫的爲學特色，但也產生了一些變化，其中包括重視「靜坐」之功，並有向「主靜歸寂」一路傾斜的現象，其中，弟子之一的李見羅（材，1519～1595）甚至向「性體」回歸，離開了陽明學的基本立場了。

目　次

第二六冊　方以智三教會通思想研究

作者簡介

　　周鋒利，湖北黃岡人。2004 年進入北京大學哲學系，師從龐樸教授，從事中國哲學研究。2008 年獲北京大學哲學博士學位。曾參與北京大學《儒藏》編纂工作。

提　要

　　方以智是明清之際重要的思想家，他早年致力於經史鑽研、物理考究，博涉多通，明亡之後潛心於會通儒釋道三教的哲學建構。本文以方氏晚年主要著作《東西均》和《藥地炮莊》爲核心，參考其他相關著作，試圖比較全面地解析其三教會通思想的形成過程、方法架構和詮釋實踐，從而對其學術貢獻和理論局限作出適當的評價。

　　本文的緒論部分介紹了晚明時代的社會文化背景以及三教融合思潮的大致趨向，並對方以智思想研究的現狀作了評述，以彰顯三教會通這一問題意識。第一章以方以智的生平爲線索，探討了他的生命轉折對晚年思想形成所帶來的重大影響。第二章以《東西均》爲主要研究對象，抓住「公因反因」說這一思想靈魂，探討方以智融貫三教的方法模式。第三章以《藥地炮莊》爲中心，分析了《炮莊》以儒釋莊、以禪解莊的詮釋特色，並指出《炮莊》的根本旨趣在於以儒家爲依歸。第四章集中考察了方以智的三教觀及其價值立場。方氏是以儒家思想爲主體來統合三教。第五章討論方以智的生死觀。儒家的生死之道

是方以智的現實選擇。

　　方以智的三教會通是以易學爲基礎，改鑄老莊、出入佛禪，最終以儒家爲依歸的思想體系。它的形成，一方面是對晚明三教融合思潮的繼承與發展，另一方面是作爲明遺民對於傳統學術思想的總結與反思，其中還包涵著對於個人安身立命之道的探索與定位。

目　次

顧炎武與清初經世學風

作者簡介

　　黃秀政，台灣省彰化縣人，1944 年生。國立台灣師範大學文學博士、高

考史料編纂人員及格。曾任中小學教師、國史館助理研究員、私立中山醫學院共同學科講師、國立中興大學歷史學系講師／副教授／教授兼主任／文學院院長、行政院「二二八事件研究小組」研究員、國立編譯館國民中學《認識台灣（歷史篇）》教科用書編審委員會主任委員、國立編譯館高級中學歷史教科用書審查委員會主任委員、行政院二二八事件紀念基金會董事、財團法人高等教育評鑑中心人文相關學門規劃委員／評鑑委員、香港珠海書院亞洲研究中心訪問學人。現任台北市文獻委員會《續修台北市志》約聘總纂。

提 要

本書共六章，試以顧炎武經世思想的形成背景、經世主張、「博學於文」說與「行己有恥」說爲討論中心，謀以顧炎武之學，還之顧炎武，以補救清乾嘉時代學者所學「半個亭林」之弊，用能窺得顧炎武學術思想之全貌與眞精神，以及顧氏在清初學術思想界之地位；並進一步指出顧炎武所以成就一代經世大師、開創清代考據學風之原因，以及顧炎武與清初民族思想勃興之關係。

根據本書的研究，顧炎武之經世思想，其特點有二：一爲復古思想濃厚；二爲特重風俗教化與世道治亂之關係。顧氏之經世主張，乃針對晚明的諸種弊端，而謀爲解決，此可由其《日知錄》治道各卷看出。

顧炎武認爲要達到經世致用的目的，必須具有廣博的學問以爲基礎，因此他提出「博學於文」一說，以研求經世致用之學。顧氏同時強調經世之才，必須輔以高尚的人格，因此他又提出「行己有恥」一說，以爲立身行事的準則。顧氏的「博學於文」與「行己有恥」二說，雖分就爲學與做人立論，其實相輔相成，缺一不可，必也二者兼備，始足以當經世之任。

顧氏的經世思想，以及「博學於文」與「行己有恥」二說，對後世影響深遠。

目 次

第二七、二八冊　阮元學術思想研究

作者簡介

　　孫廣海，祖籍廣東潮安，1952 年出生於香港。半工半讀完成中學教育和研究院課程。先後在香港中文大學中國語言文學系（74～78）、香港中文大學教育學院（83～85）、香港大學中文系研究院接受教育。研究院明清史學文學碩士論文〈柯維騏宋史觀發微〉，師承趙令揚教授（81～83）；哲學碩士論文〈陳確《葬書》之研究〉，師承何佑森教授（1931～2008；88～94）；哲學博士論文〈阮元學術思想研究〉，師承梁紹傑教授（95～02）。

　　歷任中學中文科老師、中文科主任講席 32 年；現為香港公開大學教育及語文學院兼職導師、客席講師、課程編撰。論文有〈阮元研究回顧〉、〈阮元揅經室遺文再續輯補〉、〈由羅香林《香港與中西文化交流》說起的一件學術界公案：日治淪陷期（1941～42）誰人繼任香港大學中文系主任？〉、〈四十五年來（1962～2007）中國大陸的胡適研究〉、〈胡適傳記文學的理論和實踐〉等篇。

　　研究興趣包括：漢字學、詞匯學、文體學、中國語文教學、古代歷史文化、
　古典文獻研究、清代學術思想、文學研究等。未來亦會關注百年以來香港
的儒學史和學者之研究。

提　要

　　本文以阮元這個學術人物爲中心點，從師友、弟子、幕僚等人和他的交往，
藉此建構一個多維視野之個人形象。

　　首章前言，交待全文是一篇對阮元作出『全方位』考察的學術論文。二章
阮元研究概述，分從阮元生平的研究、著述的研究、學術總論的研究、詁經精
舍及學海堂的研究等四個向度，將清代、民國以來的阮元研究，作一回顧及綜
述。

　　三章阮元的生平和著述、四章阮元學術思想綜論、五章阮元對清代學術的
貢獻，各章皆博採群籍，鉤稽詳贍。於阮元之學術思想，闡析尤詳。

　　六章結語，簡明扼要。七章附錄和參考書目，可作爲讀者研治清代學術思
想史之入門參考。

目　次

第二九冊　焦循「一貫」哲學之建構與證立

作者簡介

　　王慧茹，輔仁大學中研所博士。

　　現任台北市南湖高中國文教師、輔仁大學兼任助理教授。曾獲台北縣(新北市)優良教師、陸委會中華發展基金會獎學金、多項國語文競賽暨指導獎。

　　學術專長為清代哲學、經典詮釋及國文課程設計。著有：《孟子「談辯語言」的哲學省察》（萬卷樓）、〈熊十力《乾坤衍》的文化治療探析〉、〈顏元人性論探析〉、〈王弼《論語釋疑》的「內聖外王」之道探析〉、〈程瑤田人性論探析〉、〈多元議題融入國文課程示例及其展開〉等廿篇論文，編有高中國文教材、輔材等廿餘種。

提　要

　　焦循（字里堂，1763-1820），是清代乾嘉時期重要的經學家、思想家、算學家，他不僅於傳統學問多所專精，即如戲曲、文學甚至醫學，亦有所發。在里堂留下的大量作品中，以易學、孟子學的相關著述最為人所稱道，且在乾嘉之世已具影響。焦循虛實相參、博通諸學的治學態度，為人所推重，故其歿後，阮元譽為「通儒」、稱許其為「一大家」，錢穆則譽為「精博」。

　　本文之作，係通過里堂《論語》、《周易》、《孟子》的相關作品，掘發其經典詮釋背後的哲學意涵，指出焦循係有意識地經由解經注經，以建構個人的「一貫」哲學。亦即：天道人德一貫、情性一貫、義利一貫；而其特出的研經方法，正與其哲學建構可為一貫；其所提供的「一貫」之法，是實測比例、變通時行之法，亦是名山理想的建構與實踐過程；舉凡當世之政治社會、文化學術、倫理人性等問題，里堂都關注到了。

　　要言之，里堂勾勒出「伏羲、文王、周、孔」以降的道統譜系，言聖人之道是「通變神化」之道，其治經「好學深思」、「以精汲精」後，得自「性靈」的理解與詮釋，顯然已「轉化」了經典內涵，而成為里堂代替聖人行教的歷程，

其經世之思可謂鮮明。里堂的經典詮釋,是一通貫經典文本、通貫聖人之教、聖人之心,發為言述,以迎向當世的文化詮釋;是強調知識學習,以經典注疏、道德實踐為過程的意義詮釋;不僅貫注經典以新方法、新內涵,有積極面向生活世界及應用的傾向,其所提供的哲學方法及學術眼光,無疑更可提供傳統經學研究以新活力、新氣象。

目　次

第三十冊　形構之理與存在之理：戴震、朱子、孟子所言之理及道德形態之比較研究

作者簡介

　　周國良，1958 年生於香港，香港新亞研究所哲學博士，現任教於香港樹仁大學中國語言文學系。曾兼任於香港嶺南大學、香港教育學院及澳門東亞大學。論文散見《鵝湖月刊》、《八方文藝叢刊》，研究興趣涉及儒學、中國哲學、易學、西方當代文論等領域。

提　要

　　儒學發展至清代中葉，隨著乾嘉學派的出現，學風為之一變。在思想家當中，尤以戴東原以批評宋儒之學見稱，他在《孟子字義疏證》中提出「事理」，以針砭宋儒「性理」之學。而《疏證》的基本立場及研究進路，乃透過訓詁考據的方法，以探究「理」之本義為基礎，然後詮釋孟子之「理」；再以此為據，繼而批評朱子之「理」。換言之，在儒學發展史中，關於三種不同形態之「理」的討論，均涵蓋在《疏證》之內。本書正是以東原對孟子及朱子之「理」的詮釋及批評為研究對象，透過闡釋及比對東原對孟子及朱子之「理」的了解，希望對三者所言之「理」有較深入和客觀的詮表。而就三者對「理」體會之差異，本文一方面援引「形構之理」與「存在之理」之區分，以彰顯三者之異同；另一方面，則引用「自律道德」及「他律道德」之判準，以簡別三者之道德形態，旨在對於「理」在儒學不同發展階段的分際、限度、意義和作用，能有比較全面的分析及說明。

目　次

第三一冊　理想秩序的探求──近代中國烏托邦思想研究

作者簡介

　　李書巧，女，1978 年生，漢族，河南鎮平人，東華大學人文學院公共管

理系教師，1999 年畢業於河南大學管理科學系，獲經濟學學士學位，2003 年畢業於河南大學哲學與公共管理學院，獲法學碩士學位，2006 年畢業於武漢大學政治與公共管理學院政治學理論專業，獲法學博士學位。2006 年至今就職於上海東華大學人文學院，主要研究方向爲中外政治思想、政治哲學，先後在《河南大學學報》、《理論月刊》、《湖北社會科學》等核心學術期刊上發表論文十多篇。

提　要

儒家思想所安排的秩序體系在近代遭遇挑戰並最終解體導致了中國社會終極理想的缺失，各種關於完美社會秩序的烏托邦思想由此產生。本書從分析烏托邦的基本內涵出發，對近代中國的典型烏托邦個案進行細緻研究，選取洪秀全的「塵世天國」、康有爲的「大同社會」和無政府社會三個典型個案，分析了他們所描繪的理想藍圖及其所依存的理論基礎，指出它們的主題、特徵以及存在的差異。在此基礎上分析了烏托邦精神在現實社會中建構秩序的能力，指出烏托邦精神對於現有不合理政治秩序的解體有著積極的意義，但對新的政治秩序的重建卻無能爲力。進而從社會、思想、人三個角度分析了近代中國烏托邦思想形成的原因。結語部分進行反思，指出需要在烏托邦與政治現實之間保持適度的張力。烏托邦對人類政治生活的意義在於其對未來美好可能性的探索以及對現存社會政治狀況的批判，但烏托邦作爲人類對「應然」狀態的期許也因其科學理論基礎的缺失而成爲一種想象而非現實的存在。因此，它是不能被現實化的，它必須恪守自己的邊界，也只有當它存在於可能和思想的領域中時，它才保有其豐富的生命力。

目　次

第三二冊　漢譯《阿含經》之「厭離」研究

作者簡介

張雲凱

專長：東西方宗教生死觀，早期佛教心理學，止觀與情緒管理，漢巴佛典對讀。

學歷：文化大學廣告學系（畢業），中華佛學研究所（畢業），華梵大學東方人文思想研究所碩專班（直升博士班），華梵大學東方人文思想研究所博士班（畢業）。

經歷：（一）論文發表

1997.09　《巴利語文法教材之比較研究》，中華佛學研究所畢業論文，台北：中華佛學研究所。

2009.03　〈試論早期佛典之親子觀〉，高雄：阿含經推廣團。

2009.03　〈北傳《阿含經》「厭離」與南傳尼科耶（nikāya）之對應語詞初考〉，華梵大學東研所學生論文發表會，台北：華梵大學東方人文思想研究所。

2009.04　〈論《雜阿含經》之「厭離」〉，2009研究生論文發表會，宜蘭：佛光大學宗教學系。

（二）擔任國科會研究專案之研究助理

1. 專案名稱：《增一阿含經》的歷史語言及義理研究
　專案主持人：關則富教授（元智大學通識教育中心）
　執行起迄：2009/09/01~2011/07/31

2. 專案名稱：巴利語《增支部》第一冊譯注
　專案主持人：關則富教授（元智大學通識教育中心）
　執行起迄：2012/08/01~2013/01/31

提　要

　　找尋世界背後的眞實定律是印度宗教哲學家們的共通思維，對此釋迦牟尼佛如何承接與創新？本文以釐清《阿含經》「厭離」之意義及思想，做爲佛陀對此之回應。經由版本比對、訓詁、分析、歸納等等之研究方法，得知《阿含經》之「厭離」蘊藏三種意義：

　　第一、「出離的情緒」（巴 *saṁvega*）：面臨無常狀況而突然慌張、恐懼，急欲找尋安穩之歸依處，這可說是「宗教心」或是「厭離心」、「出離心」，是發現世界不完美而希望探求眞實，轉迷成悟之起始點。

　　第二、「對治煩惱」：依教奉行後，以戒律作爲行爲與思想依據，身心若破戒、違法，立刻覺知，並以所學之方法使之止息，使身心回歸平靜。

　　第三、「中立的情緒」（巴 *nibbidā*）：奉行戒律、修持禪定而生起如實知見，

於身心如實知見諸行無常，確認身心非「我」（巴 atta），對身心變化一視同仁，保持「中立的情緒」。修行至此，可謂見到世界真實定律：「見法」，因此而為「入流者」、「智慧者」、「解脫者」。

此外，四禪之「捨」（巴 upekkhā）與「厭離」（巴 nibbidā）同為如實知見生起，故為性質相同之情緒，為涅槃前之階段，然而「慧解脫」生起之「厭離」（巴 nibbidā）可能是當時之新興法門，故道次第中以「厭離」為此二者之代表。

上述三種「厭離」在《大般若經》各有轉化，第一種衍生為菩提心；第二種可與「厭離此土，求生他方淨土」之思想做一比對；第三種則轉化成「平等」、「無分別」之觀念。

可知佛陀以戒、定、慧滅除現象世界對人的擾亂，找到世界背後的秩序，安住於平穩的知、情、意當中。對現代人而言，佛法修行有助情緒穩定，可運用現代媒體達到與需要大眾接觸的目的，再運用簡易的法門傳達穩定身心的法門。

目　次

第三三冊　法藏圓融之「理」研究

作者簡介

孫業成，男，1963 年生於安徽巢縣，初中就讀於沐集中學，中師畢業於

黃麓師範，南京大學哲學碩士，蘇州大學哲學博士。曾在《學海》、《中國社會科學院研究生院學報》、《孔子研究》、《船山學刊》、《宗教學研究》、《廣東社會科學》、《澳門理工學報》、《鵝湖月刊》（2011.6：臺灣）、《哲學與文化》（2012.10：臺灣）等海內外雜誌上發表有關哲學論文 30 餘篇。

提　要

這是本人積十多年之工夫而研究佛家哲學的體會，亦是博士學位論文。

法藏圓融之「理」的本質是緣起、性起。以法藏的解釋說，「緣起融通故無礙」，緣起是「融通」的所以然之故。緣起即融通，融通即緣起。緣起即融通即理。圓融之「理」，就其綜合的意義而言，它有哲理和宗教兩個向度：就哲理而言，它指法藏「一即一切」哲學學說之「一」，此「一」是形而上的宇宙本體；就宗教而言，它指佛的緣起大法，具體涵括法界緣起、如來藏緣起、性起等一切有為法無為法。本論文則圍繞後者而展開。

1. 法界緣起：其內涵主要體現於因門六義、緣起十義、三界唯心、六相、十玄門、妄盡還原、海印三昧等範疇。十玄門則是法界緣起的集中概括。

2. 如來藏緣起：一切世間、出世間法不離一真常心（如來藏）。一切眾生悉皆如來藏。

如來藏緣起、法界緣起有區別。宗密在《圓覺經略疏》中指出「如來藏」與「法界」的區別：一者在有情數中名如來藏，在非情數中名法界性；二者謂法界則情器交徹心境不分，如來藏則但語諸佛眾生清淨本源心體。

3. 性起：相較法界緣起而言，性起即不起。前者是就染淨法合而言之，後者則專指淨法而言。性起，同時亦是對天臺智顗開權顯實方便的回應。此亦意味著性起，乃體即用、用即體，或者說聖凡一體──迷凡悟聖。

目　次

第三四冊　《寶性論》如來藏思想之研究

作者簡介

　　廖雅慧，現爲臺灣師範大學國文研究所博士候選人，華梵大學中文系、嘉義大學中文所碩士班畢業。主修義理之學，研究領域爲佛教思想。曾於華梵大學中文系、龍華科技大學、德明財經科技大學兼任講師，擔任中華文化、大一國文、大學閱讀等課程。

提　要

　　《寶性論》（Ratnagotravibhāga Mahāyānottaratantra śāstra）是大乘佛教中闡述如來藏（tathāgata-garbha）思想的重要論典，與《如來藏經》、《不增不減經》、《勝鬘經》爲如來藏思想的「三經一論」，是一本集大成的論典。對於難以言喻的如來藏，《寶性論》給予多種面向的詮解，主要在於直接肯定眾生皆有如來藏，具備成佛的本質，本論文即由《寶性論》如來藏思想的研究，以佛性（buddha-dhātu）隱顯問題之探討爲中心，探討眾生雖具有如來藏，卻因客塵染垢遮蔽而隱藏，藉由無明障垢的去除，最終朗現佛的領域，了知隱藏的時候是眾生、顯現的時候是佛陀，生佛不二，僅有隱顯之別，如此才能夠覓得自家寶藏。

　　首先，說明有關《寶性論》的相關背景問題，包含其名義、作者、內容架構之考定等，並對本論文核心之「如來藏思想」的淵源與進程，建立基礎的瞭解，直陳《寶性論》在如來藏思想中的地位，以作爲本論文開展的背景，才能對其思想義理作深入的發掘與梳理。

　　其次，分析眾生具有如來藏的三個意義，以及四種對治障礙的能淨因，清淨障礙後，能夠得到淨、我、樂、常的法身四波羅蜜多果，並且闡述顯現如虛空與日輪般的自性清淨，與斷除所知障與煩惱障後的離垢清淨，可証得全然清淨的菩提佛果，此是眾生具如來藏所隱的特質，証悟成佛的本質。

　　復次，由眾生皆具如來藏之自性，卻因被無明煩惱所遮障而無法證悟佛性，這樣的狀態可分爲凡夫位、聖人菩薩位、佛位三分位，呈現出不清淨、部分清淨、圓滿清淨的三個階段，以九種譬喻比喻如來藏在有所遮障的情況下仍終可清淨，顯現出原本清淨的自性。

　　最後，論及全然的証悟如來藏，可藉由佛身論說明，以三身說或二身說闡釋佛陀的果德。其中，可分爲功德與事業兩大部分，功德乃言說佛身所具有的

自利利他力量，事業則顯發佛陀利眾的任運不間斷，此要說明的不只是開顯如來藏的可能性，並且闡明証悟之後所展現的不可思議境界。

以佛性隱顯統攝《寶性論》的內容，由自性的染淨探究如來藏的思想，以及所延展的種種層次，在了解如來藏思想之後，能夠貞定究竟的歸依處，歸依內在本具的本初善，透過修行實踐的活動可將無明染垢的遮障淨除，如來藏有如佛日當空出雲聚，破除烏雲般無明煩惱的遮蔽，無限的光明普照大地，佛的境界全然朗現。

目　次

《周易》自然生成觀所體現中和思想之研究

黃輝聲　著

作者簡介

黃輝聲，台灣省台南縣人，現居台北市。對於中國文化思想與東方哲學，擁有極高興趣。受業於華梵大學東方人文思想所何廣棪教授指導，研究周易之哲學觀、自然觀、社會觀。以儒家入世哲學的積極態度為礎，融合道家經世思想。希冀透過周易深晦的內涵，了解古人如何藉由宇宙天地與自然變化的相處之道，演繹為人事相處之和諧。藉由先人的智慧，窮理入神，兼濟萬物。本文之付梓，特別感謝何教授廣棪先生之指導與提攜，花木蘭出版社之協助。

提　　要

《周易》不但具有精深哲理，深奧的象數思維方法，豐富之古代社會思想，其內涵更展示了中國古代世界觀、人生觀、價值觀的哲學思想，而其所創立的古代宇宙觀，闡揚「天人合一」的自然哲學觀，建立了前所未有的宇宙模型，更進一步結合了自然觀與社會觀，將「天人合一」的哲學思想與天、地、人三者的關係密切地結合為一。而本篇論文撰作的主要目的，在探討古人觀察天、地、人、日、月、星辰、山川及其更替的過程中，嘗試瞭解古人如何與變化萬千的大自然共處，如何在與自然共處的過程中，謀求與自然和諧的相處之道。進一步說，古人是如何通過他們對宇宙天地與自然變化的瞭解及相處之道，演繹為在人事相處上的和諧；而古人又如何通過《周易》進而了解人與自然、人與社會、人與自我的關係，窮理入神，兼濟萬物，是本篇論文所要探討的目標。本論文凡分五章，滋就其內容及旨趣分八點摘要如次：

（一）《周易》「經」、「傳」的形成與特質：「經」與「傳」形成過程與背景，可以說是構成《周易》最主要的軸心問題，從它成書過程的神秘色彩，與受到諸多聖人的加持，再加上歷代先聖賢哲之智慧累積，《周易》可以說是影響中華文化最為深遠的典籍之一。

（二）《周易》與中國的卜筮：卜筮是文明初開時期，人類最先了解與窺探上天意志的工具，雖然它以神道設教，但是通過卜筮的方式，與筮法的成卦過程，實際上已經展現了古代先民開始萌芽的科學精神與哲學思維。

（三）《周易》經傳的象數與義理：《周易》藉由六十四卦、三百八十四爻的象徵，將天地萬物與其自然的變化全部統括在它的象徵世界裡，透過筮卦的呈現與歸納，也揭露了古代先人的處事與為人的智慧，先聖賢哲也藉由筮卦的展現，用以教導人民仁義道德的哲學義理。

（四）以《周易》為中心的東方自然觀：《周易》所呈現的自然哲學，代表著古代東方特殊的宇宙觀，從探討天的本質、結構及其演化形成的過程，進而了解天與地，天與人，人對天與人在天地間的天人關係，再通過與時間的變化取得和諧的平衡關係，以達到「天人合一」的境界。《周易》的自然生成觀，是一種在時間不斷變化歷程中，強調與變化調適的哲學。

（五）《周易》的思維方式：《周易》的表現形式是象和辭；《周易》的內蘊是義和理。象分為爻象和卦象；辭分為卦名、卦辭和爻辭；義與理是象、辭所象徵的事物中所包含的意義及道理，貫通象、辭及天地萬物，也是《周易》研究所要揭示的內涵。研究易學，從具體到抽象的思維，最後留給人類的成果，莫過於其中的思維方式。

（六）《周易》的時與位：在「易學」議題的研究上，就是《周易》的「時觀」與「位觀」具有非常重要的意義。在《周易》的「時觀」上，除了強調「時」的「變動」的特性之外，更探究在「變動」中的「生生、剛健、不息」之義。其形式即先後遞承，連綿不絕。其方法是基於「觀天文」與「察四時」。在《周易》的「位觀」方面，《周易》巧妙地運用六十四卦與三百八十四爻，簡單的應用「陰陽」、「剛柔」、「得位」、「失位」及其相對應的關係，再將《周易》之變動的發展觀透過爻位的變換關係，象徵事物發展過程中的變異性，這也是《周易》在觀察自然現象後對應在人、事、物上所表徵的結果。

（七）《周易》「中和」的具體意義：「中」為道之本，「和」為道之用。「中」潛含著「和」的涵義，「和」是「中」的展現。「中」是指天道所展現之信守不渝、無過與不及的品性，在人道的發抒上，人們必須誠實無妄、精準把握！「和」是指天道在運行過程中，由陰陽的變化來概括天地間人、事、物的差異，再會合其差異並規律地在對立中發生親和關係。「中」與「和」雖然都是對於《周易》與天道的界說，但是其所指示的表徵確有不同的方面，不可混淆。

（八）《周易》與儒、道的經世之道：儒家在政治上發揮《周易》德治思想，是建立在人際關係中，主張以忠、孝、節、義、仁、謙為內容的道德規範。在政治上，《周易》的治國之道便是「德」。依己身的道德修養，推而及於人、事與政治上，以「德」行教化之方，則能做到內外相成，政治上的功業自然可居、可成。

道家以人為出發點，將人與自然的關係，以和諧的音律表現出來。從自然觀的角度觀察，《老子》對於先天地之初，不希望以特定的名義來約束，所以用「道」、「大」、「逝」、「遠」、「反」勉強為其定義，藉以描述天道的象徵，正如同前文所述，《周易》常常以「陰陽」、「剛柔」、「乾坤」、「中」、「正」、「中和」等來說明天道的現象。

通過上列八點敘述，可以窺視本篇論文之撰作目的，在於循著古人建立的智慧，通過卜、筮、卦所建構的哲學內涵，以《周易》的自然生成觀及其所體現的「中和思想」為兩個論述核心，用以揭示古人由自然的認知所蘊含對天道、人道之啟發的哲學意涵，及其在學術與生活上的應用關係，作為告示人們與自然、社會及人際之間的生活準繩與應變之道。

目

次

第一章　緒　論

前　言

　　《周易》是中國古代的典籍之一，對中國古代的哲學思想、倫理道德、文學藝術以及自然科學等眾多領域，有著巨大且深遠的影響。歷代許多儒家學者，尊稱它爲「群經之首」，並據之建立成東方式的宇宙觀和政治倫理體系；魏晉的玄學家和後代的道家，亦從中引申出他們的理論依據；甚至在廟會與市集上擺攤設卦的算命術士，也都藉著它的形式與其中的智慧，給予人們某種神祕的預示和指引。

　　作爲一部各個學派、各個階層的人們都能接受，廣爲利用的著作，《周易》究竟具有什麼樣的性質呢？它敘述的是什麼內容呢？以及在它產生的漫長歲月過程，人們爲何會出於不同的角度、方法、目的，去解釋、研究、使用它，因而得到了許多不同的結論？《周易》或稱爲儒家經典，或爲占筮之書，亦或被當作是揭示事物變化規律的哲學著作，不一而足，至今依舊沒有定論。

　　有的學者認爲，《周易》是古代的卜筮之書，僅在孔子及其後學述作〈易傳〉之後，纔演繹出其中的哲理，如《朱子語類》云：「《易》只是卜筮之書，古者厥藏於太史、太卜以占吉凶，亦未有許多說話。及孔子始取而敷繹爲〈文言〉、〈雜卦〉、〈彖〉、〈象〉之類，乃說出道理來。〔註1〕」《周易》的卦畫形式和卦、爻辭系統完成之後，其效用就是占筮，所以《周禮》曰：「太卜掌『三易』之法。」與《左傳》中所謂「遇觀之否」之類的易筮史例，均說明《周

〔註1〕〔宋〕黎靖德，《朱子語類》（北京：中華書局，1986 年），頁 1620～1640。

易》被廣泛地應用於占筮的事實，但這並不否定《周易》所具有豐富的哲學內涵，由《周易》卦形、爻畫和卦、爻辭中蘊涵的哲學義理，更使得歷史上許多在位者將它作爲預卜吉凶，決定政治方向與軍事策略的重要依據；因此，包括孔子及其弟子在內的許多後世學者，不斷地想要去學習它、研究它，更通過〈易傳〉內容諸多的形式與義理來闡釋《周易》的哲學內涵。

有關於《周易》的名義，歷代許多學者已經做過各方面有意義的考證工作。關於《周易》的「周」，概括先輩學者的說法，主要有二種論述。孔穎達《周易正義》說：「《周易》稱「周」，取岐陽地名，《毛詩》云『周原膴膴』是也。又文王作《易》之時，正在姜里，周道未興，猶是殷世也，故題周別於殷，以此文王所演，故謂之《周易》。其猶《周書》、《周禮》題『周』以別餘代。〔註2〕」此說是以「周」爲朝代之名。《周易正義》又引鄭玄說：「《連山》者，象山之出雲，連連不絕；《歸藏》者，萬物莫不歸藏於其中；《周易》者，言《易》道周普，無所不備。〔註3〕」此說則是以「周」爲周普之義。以上兩說皆是由〈易傳〉中所引伸出來的。〈繫辭傳〉曰：「《易》之興也，其當殷之末世、周之盛德邪？當文王與紂之事邪？〔註4〕」孔穎達應當據此說辭而斷定，「周」爲朝代名。不過，〈繫辭傳〉亦云：「夫《易》廣矣大矣，以言乎遠則不禦，以言乎邇則靜而正，以言乎天地之間則備矣。〔註5〕」所以，有部分學者認爲，鄭玄應該是據此論點而認定，「周」爲周普之義。

關於《周易》之「易」字的含義，說法亦多。孔穎達《周易正義》說：「夫易者，變化之總名，改換之殊稱。自天地開闢，陰陽運行，寒暑迭來，日月更出，孚萌庶類，亭毒群品，新新不停，生生相續，莫非資變化之力，換代之功。然變化運行在陰陽二氣，故聖人初畫八卦，設剛柔兩畫，象二氣也；布以三位，象三才也。謂之爲『易』，取變化之義。〔註6〕」即以「易」爲變易。《易緯·乾鑿度》認爲「易」的內涵有簡易、變易、不變三層意思；《說文》從字形的角度解釋：「日月爲易，象陰陽也。」虞翻從此說法，以「日月更迭，交相變易」爲其說；毛奇齡所撰《仲氏易》，則認爲「易」兼有變易、交易、

〔註2〕〔魏〕王弼注；〔唐〕孔穎達 疏，李學勤主編，《周易正義／阮刻本十三經注疏》（台灣古籍出版有限公司，2001年），頁10。
〔註3〕同註2，頁9。
〔註4〕同註2，頁375。
〔註5〕同註2，頁320。
〔註6〕同註2，頁5。

反易、對易、移易五層意義；此外，吳摯甫、尚秉和認爲「易」當解爲占卜〔註7〕；近人郭沫若更據《說文》的解釋，認爲「易」爲蜥蜴的象形文，推測其所指的應爲「石龍子」，又因爲石龍子的善於變化，故借「易」字作爲變化的象徵〔註8〕；其他還有余永梁的論述，他認爲周代所創制的筮法較龜卜的求問過程簡易，故依此而名爲「易」；黃振華〈論日出爲易〉一文，則認爲「易」的甲骨文作**分**，從其文字的象形上來看，具有「陰陽之義」。綜合以上種種說法，雖意義有所不同，而歸納其要旨，大體相似。其內涵大多圍繞著「易」的變化爲中心，並依此旨趣而加以闡發其義理。故〈繫辭傳〉云：「聖人設卦觀象，繫辭焉而明吉凶，剛柔相推而生變化。〔註9〕」又云：「八卦成列，象在其中矣；因而重之，爻在其中矣；剛柔相推，變在其中矣；繫辭焉而命之，動在其中矣。〔註10〕」可見，以「變易」作爲解釋《周易》之「易」，不僅符合《周易》運動變化之意涵，也是《周易》藉以發展哲學思想的依據。

　　從《周易》的名義，大約可以看出，古人透過「易」的內涵，或從其自然變化的現象，或以其所象徵的哲學涵義，表達出人與自然間的關係，也說明《周易》是一部人與自然的哲學著作。

第一節　研究動機

　　《周易》既然能成爲儒家的五經之首，道家的三玄〔註11〕之一，在學術地位上受到各宗各派與各家各流的推崇，除了其神祕悔吝的卜筮功用與漫長歲月的成書背景，《漢書・藝文志》〈六藝篇〉中曰：「易道深矣，人更三聖，世歷三古。及秦燔書，而《易》爲筮卜之事，傳者不絕。」姑且不論其「人更三聖，世歷三古。」的眞實性，但可以想見，《易》自古以來即爲聖人所推崇。或爲《周易》的玄妙思想和象數結構所誘導，或取象以比類，極數以通變，或借象數闡發義理，或立卦體占斷休咎，均已充分證明自秦漢以來，《周易》相當廣泛地展現在中國古代社會經濟、政治、文化結構以及生活方式、

〔註7〕尚秉和著，《周易尚氏學・說例》（北京：九州出版社，2005年），頁1～10。

〔註8〕郭沫若著，《青銅時代》。（重慶：文藝出版社初版，1945年），現收《郭沫若全集・歷史編》第1卷。

〔註9〕同註2，頁306。

〔註10〕同註2，頁346。

〔註11〕馮友蘭，《中國哲學史》（台北：台灣商務書局，1996年），頁602～603。所謂三玄者，《顏氏家訓・勉學篇》謂係《老》《莊》《周易》。

倫理道德、風俗習慣、心理結構等，實已對中國文化產生了深遠的影響。

《周易》不但具有精深哲理，深奧的象數思維方法，豐富之古代社會思想，其內涵更展示了中國古代世界觀、人生觀、價值觀的哲學思想，而其所創立的古代宇宙觀，闡揚「天人合一」的自然哲學觀，建立了前所未有的宇宙模型，〈繫辭傳〉曰：「是故易有太極，是生兩儀。兩儀生四象，四象生八卦。八卦定吉凶，吉凶生大業。〔註12〕」〈序卦傳〉又曰：「有天地然後有萬物，有萬物然後有男女，有男女然後有夫婦，有夫婦然後有父子，有父子然後有君臣，有君臣然後有上下，有上下然後禮義有所錯。〔註13〕」更進一步結合了自然觀與社會觀，將「天人合一」的哲學思想與天、地、人三者的關係密切地結合為一。

綜上所述，《周易》從其成書的背景、環境、時代及其演繹的過程，人們出於不同的目的，透過不同的方法，以不同的角度來檢視與解釋，甚至是研究它。又藉由這些不同的目的，從中得到自己所需要的結論。而我透過研習《周易》之目的，期待在探討研究古人對天、地、人、日、月、星辰、山川及其更替的過程中，嘗試瞭解古人如何與變化萬千的大自然共處，如何在與自然共處的過程中，謀求與自然和諧的相處之道，為艱困的生存環境取得平和與泰然。〈泰·象〉曰：「泰，小往大來，吉亨，則是天地交而萬物通也，上下交而其志同也。內陽而外陰，內健而外順，內君子而外小人。君子道長，小人道消也。〔註14〕」《正義》的解釋最為貼切：「所以得名為『泰』者，止由天地氣交而生養萬物，物得大邁，故云『泰』也。『上下交而其志同』者，此以人事象天地之交。〔註15〕」進一步的說，古人是如何通過他們對宇宙天地與自然變化的瞭解及相處之道，演繹為在人事相處上的和諧；而聖人又如何通過《周易》進而了解人與自然、人與社會、人與自我的關係，窮理入神，兼濟萬物，是本篇論文所要探討的目標。

第二節　研究方法與研究範圍

《周易》原本是周代時期形成的占筮典籍，在秦燔之前，還是將它歸類為卜筮算卦的書籍。從春秋戰國開始，隨著社會和文化的發展，人們對它進

〔註12〕同註2，頁340。
〔註13〕同註2，頁396。
〔註14〕同註2，頁78。
〔註15〕同註2，頁78。

行了各式各樣的解釋。在中國歷史的洪流中，與《周易》相關的著述多達兩三千種，即使現今還流傳誦讀的，亦有近千種。與其相關的學術也不斷的推衍。今日，當我們再次探討《周易》，不僅是對其經文推窮致理，更將其所演繹而出的「易傳」與「易學」產生聯繫，對於《周易》的「經」、「傳」、「學」重新建構出新的知識系統與認知。在現今科技昌達的社會，通過《周易》的智慧，檢視人與自然的新關係，發展新的平衡與和諧之相處方式。

　　《周易》的卜筮作用，已經不言而喻，所以卜筮的方法與功用已經不是本篇論文將要探究的重點，本篇論文所著墨的內容，主要希望透過歷史的發展歷程，認識《周易》的「經」、「傳」體系與關係，從而瞭解先聖先賢們如何藉由卜筮的方法，規範出先民與天、地、自然的相處之道。卜筮雖然不失為神道設教，然而在上古文明未臻發展的社會，人們已經能藉由科學方法，從眾多的占筮筮辭中，統整歸納出一系統性的紀錄——《周易》，也是當時社會的一大創舉。卜筮的筮辭在當時的「大卜」、「筮人」整理與修辭後，加入了許多人為的思想。其中，亦將古人對天、地、自然及人事關係上的思維方式，表露在筮辭中。那麼，探討卜筮對自然的溝通，也就是本篇論文藉以了解古人如何與自然對話的方式，這也是為什麼論文中希望藉由對龜卜與占筮的方法，了解《周易》的成卦方式及其與卜、筮、卦的關係，進而剖析《周易》的象徵哲學與其傳達的義理，這也是對探討《周易》的「經」、「傳」內容轉而研究《周易》「易學」的過渡過程。

　　所以，雖然本篇論文所要探討的對象是《周易》，實則是從「易學」的哲學發展中，研究《周易》自然觀的生成過程，亦即下文第三章所要論述的內容，從《周易》的卦、爻辭與〈易傳〉的內容，探究《周易》的時空觀與宇宙觀，進而由《周易》的思維方式，窺探《周易》的哲學思維形式，瞭解《周易》的自然哲學內涵，再透過《周易》的哲學內涵，分析《周易》的「時」、「位」觀，在《周易》的「時」、「位」觀中，就能體現《周易》所要傳達的天人關係。因為，在《周易》探討天人關係的過程，就能顯示出《周易》中所揭示的人與自然之和諧關係與取得和諧的方法。而這也正是本篇論文所要探究的核心之一，「《周易》的自然生成觀」。

　　最後，本篇論文將回歸中國文化的根源，探究中國文化長久推崇與讚揚的「中和」之德，從《周易》的卦、爻之位，「時中」之論，探討人在自然演變中的自處之道；在人事浮沉中，人應該如何調適自我，與天、地、人事合其德。

這也正是中國兩大學術宗派——「儒家」與「道家」的宗旨。兩家的論述，同功而異位。儒家外彰為「仁」、「義」，內至為「誠」；道家則外顯日「道」、「德」，內脩為「靜」。而兩者最終之目的，皆為「致中和」的中正之道。

所以，本篇論文的述作內容與研究範圍，乃利用十三經注疏本之《周易本義》為參閱本子〔註16〕，透過研究諸子百家的論述，特別是影響中國文化最為深遠的「儒」、「道」二家，研析《周易》的經傳內涵，窺其堂奧，依現代自然哲學的思維方式，鑽研古代先聖先賢追求與天、地、自然和諧相處的方法，發微於人、事的至真、至善。或可作為我們的社會追求新人際和諧的方法，及當今人類與自然取得平衡的相處之道。

第三節　前人研究概況

《周易》既然是中國各家學術所推崇的要籍，對其研究的學者自然也層出迭起，在早期的述作中，當以〈易傳〉最為眾人所認同。〈易傳〉也可以說是最早對《周易》經文作最全面與深入闡述義理的代表。後人對於《周易》的稱謂，也大多是包含了「經」與「傳」兩部分的內容，更據之而發揚成為一門「易學」的哲學專題。對於自漢代至宋代之《周易》的研究概況，清代《四庫全書總目·經部易類小序》概括並將其分為兩派六宗，日：

> 《左傳》所記諸占，蓋猶太卜之遺法。漢儒言象數，去古未遠也；
> 一變而為京、焦，入於機祥；再變而為陳、邵，務窮造化，《易》遂
> 不切於民用。王弼盡黜象數，說以老、莊，一變而胡瑗、程子，始
> 闡明儒理；再變而李光、楊萬里，又參證史事，《易》遂日啟其論端。
> 此兩派六宗，已互相攻駁。〔註17〕

所謂兩派六宗，乃指「象數派」與「義理派」。象數派主要是以八卦卦象及卦畫陰陽奇偶之數來解釋《易》理的派別；義理派是以自然變化的規律及人、事與社會變遷的角度來解釋《周易》的哲學內涵。象數盛行於兩漢，其中的代表有京房、焦延壽（焦贛）；魏晉王弼與韓康伯，以老莊解易，使《易》脫離象數解義，開創義理解說的方式。而宋儒解《易》則又增添了許多方式，

〔註16〕〔魏〕王弼〔晉〕韓康伯注〔唐〕孔穎達疏，《周易正義》（台北：台灣古籍出版有限公司，1997年8月）十三經注疏本。

〔註17〕〔清〕乾隆敕輯，《欽定四庫全書·經部易類小序》（台灣商務印書館，1987年）。

如陳搏與邵雍，以圖說而解象數，是象術流派的創變，還有胡瑗、程頤以儒理來解釋《周易》的義理，朱熹爲前述兩者之集大成。清代之後，乾嘉考據之學盛起，倡導漢學之風盛行，故諸如惠棟、焦循等人，爲當時象數學派之代表。另有李光地《周易折中》，或可爲當代義理派之代表作。

　　近人對《周易》的研究，北京師範大學教授鄭萬耕先生將其概分爲五種傾向，或可作爲代表：「其一，偏重於注釋《周易》經傳。其二，偏重於考證。其三，偏重於論述。其四，以現代科學證《易》。〔註18〕」此外，亦有利用考古材料作爲研究，如張政烺提出的易卦源於數字符號之說；援道入《易》說的陳鼓應先生，及近來漸爲新興的帛書《周易》之研究。這些學者對近代《易》學之研究，提供了非常重要的思想脈絡，也爲近代《易》學能從原有的研究範疇，廣而推衍至數學、醫學、天文學、史學甚至是美學、藝術、建築等，給予最重要的思維根源。

　　牟宗三先生在《周易的自然哲學與道德涵義》一書中亦曾提到《周易》的主要含意包含三個方面的意義，即：（1）物理的；（2）數理的；（3）倫理的。〔註19〕牟先生認爲，在物理方面的原則是「陰陽」，是「變易」，是「生成」。故以「易」字來表示。牟先生又說：「卦表陰陽之變；故每一卦，即是表示陰陽之關係或結聚。陰陽之關係或結聚，即是物理事實之關係或結聚。一個卦即表象這種事實的結聚。故每一卦即是一個邏輯命題。〔註20〕」在牟先生《周易的自然哲學與道德涵義》一書的著述中，分別從漢人的「天人感應」，清胡煦「生成哲學」的自然分化、生成的根本範疇、時位爻、時間與空間之構成等，再引述焦循的道德哲學，最後契合《周易》的易理於數學、樂律與樂記中。循著前人研究的腳步，爲本篇論文的撰作，尋找到研究的標竿與方向，也讓本篇論文的撰述，更能掌握探討的重點與立論的依據。

〔註18〕朱伯崑主編，《易學基礎教程·近人易學研究的傾向》（台北：志遠書局，2004年），頁 161～162。

〔註19〕牟宗三著，《周易的自然哲學與道德涵義》（台北：文津出版社，1998年），頁 3。

〔註20〕同註18。

第二章　《周易》的內容及涵義

第一節　《周易》「經」、「傳」的形成與特質

一、《周易》經傳的形成

　　古籍稱《周易》，簡稱《易》，西漢時儒學獨尊，《周易》作為儒學經典，列為學官的經書之一，於是學者尊稱為《易經》，又因〈易傳〉合於其中並行，故古籍之《易經》往往包括〈易傳〉。

　　關於《周易》的作者及其成書年代，自古以來說法紛紜。依據《漢書藝文志》的說法是：伏羲畫八卦；周文王將八卦兩兩相重，演繹成六十四卦，並作卦辭、爻辭；孔子作〈易傳〉。但也有人提出不同的看法。例如對於重卦與演卦者，王弼說是伏羲，鄭玄認為是神農，史遷說是文王，孫盛以為是夏禹。又如卦辭、爻辭的作者，孔穎達《周易正義》便引《乾鑿度》的說法：「垂皇策者羲，卦道演得者文，成命者孔。」據以認為卦辭是文王所作，爻辭則周公所作〔註1〕。然而，後世對重卦之人，卦辭與爻辭的著述者何人，一直有許多的質疑出現，如宋代的歐陽修撰《易童子問》，就對〈易傳〉是孔子所作的說法提出了疑問。近代的學者如郭沫若、顧頡剛、李鏡池〔註2〕等人，也對

〔註1〕　同第一章註2。

〔註2〕　李鏡池《周易探源・易傳思想的歷史發展》：認為〈繫辭傳〉的編集目的有二：一是存佚，二是宣傳。存佚部份，保留了早期經師們的《易》說，如今本《周易・繫辭傳》心中解釋爻辭的十九條資料，就屬於這一類。依朱子《周易本義》的章節區分，這十九條資料有七條在上傳第八章，一條在上傳十二章，其餘十一條都在下傳第五章。所謂宣傳部份，分別見於朱子《周易本義》的

於《周易》的考據，紛紛提出自己的看法。

秦漢以來，〈易傳〉在易學與儒學傳統中一直居於關鍵性地位。《周易》的研究者，多據《傳》以解《經》，無論是取象數的觀點，抑或義理的觀點，立論的根據都離不開〈易傳〉。孟喜〔註3〕、京房〔註4〕的說解，王弼、韓康伯的注釋，皆可以為例證。儒學的研究者，也必通《易》以論道，無論是心學，抑或理學，思想的源頭也都來自〈易傳〉。濂溪、橫渠的論述，伊川、朱子的闡釋，皆為例證。

在哲學史的研究工作上，〈易傳〉的作者是誰？是先秦儒家？抑或漢儒？它們與《易經》的關係如何？是闡發《易經》的思想？抑或表達自己的見解？它們用陰陽來解《經》的真相如何？各篇使用陰陽的觀念是一致的？抑或不一致？與秦漢以來的氣化宇宙論〔註5〕思想有差異？抑或沒有差異？如今仍有許多問題是人們爭論的焦點。從現代文獻學的知識使我們相信〈易傳〉不是一人、一時的作品，那麼各篇的內容有什麼特點？彼此之間有沒有傳承關係或共同的論點？這些問題也值得我們去探討。

《漢書‧藝文志》謂《周易》一書「人更三聖，世歷三古」，固然不可全信，但終歸向我們透露了一條重要信息：《周易》不是一人、一時所完成的，它有一個較長時期的成書過程。

上傳四、六、九這三章，及下傳六、十兩章。這部份是漢初到中葉的儒生和道家爭地位，為《易》作宣傳而流傳下來的語錄。換句話說，李氏所謂存佚部份的《易》說，大體是詮釋文義的性質，因為司馬談〈論六家要旨〉、董仲舒〈對策〉等曾引用，所以寫成的時代可能在秦漢之際。而所謂宣傳部份，是一些比較具有思想性的資料，要到漢昭帝、宣帝時代才可能全部完成。

〔註3〕孟喜，字長卿，東海蘭陵人漢代今文經學家，約生活於西元前1世紀。師從田王孫學易經。孟喜的父親號孟卿，傳授《禮》和《春秋》，他認為禮多，春秋繁雜，所以讓孟喜跟田王孫學習周易。孟喜這個人比較喜歡誇大，自己有本陰陽災變書，假說是老師田王孫臨死時只傳給他的。但是同是田王孫弟子的梁丘賀指出他作假：「田王孫死的時候只跟施讎在一起，孟喜那時已經去東海了。」

〔註4〕京房（西元前77-前27年）本姓李，字君明，漢代律學家，易學「京氏學」的開創者。曾就學於《易》學家焦延壽。京房在律學史上是一個上承先秦、下啟魏晉南北朝的重要人物，他的貢獻在於提出了推演三分損益法成、擴大應用「六十律」學說、否定管律、採用絃律的理論與方法。這對於向來獨尊三分損益十二正律、獨尊管律的傳統，是一種重大的突破，對後世具有重大影響。

〔註5〕林德宏 張相輪《東方自然觀與科學的發展》，台北：理藝出版社，1995年，頁143～152。

　　《莊子・天下》云：「《易》以道陰陽。」《周易》的八卦乃至六十四卦，都是由陰「--」、陽「—」兩爻組合而成，雖然《周易》經中並無陰陽二字，但透過陰陽的相摩激盪，構成了無窮的變化。因此，陰陽可以說是《周易》的核心，也是《周易》的基礎與起點。《國語・周語》已經將「陰」與「陽」作爲天地之氣的一種變化來使用〔註6〕。然而，陰陽是屬於抽象的概念，屬於形而上的哲學理論。所以〈繫辭傳〉云：「爻也者，效此者也〔註7〕。」又曰：「爻有等，故曰物〔註8〕。」爻〔註9〕的作用就在於透過仿效某種有形的器物來象徵陰陽之道，更藉以揭示天地之間萬事萬物變化的自然規律或社會規律的。

　　至於爻畫的圖像或它的象徵是什麼？亦是眾說紛紜，有人說是男根女陰，也有人認爲那是原始圖契文字，甚至是龍馬圖紋、蓍草……等。不過，以用爲對日月的運行與陰陽變化的關係符號最被廣泛接受，再加上中國很早就開始對日月運行進行的觀測；因此，把卦畫的「—」與「—」是用來日月之影的記錄，是較爲被接受與信服的。由於爻畫的創立，卦的形成就有了基礎，如〈繫辭傳〉云：「是故《易》有太極，是生兩儀，兩儀生四象，四象生八卦〔註10〕。」八卦又稱爲經卦，據〈說卦傳〉云：乾爲天，坤爲地，震爲雷，巽爲風，坎爲水，離爲火，艮爲山，兌爲澤八種不同的自然物質。〈易傳〉又將八卦分爲陰、陽兩大類：乾、震、坎、艮爲陽卦，坤、巽、離、兌爲陰卦。

　　八卦形成之後，又被人們兩兩重之，構成爲六十四卦。經卦有八個卦，兩兩相重後共得六十四卦又稱別卦。從三畫的八卦經卦到六畫的六十四別

〔註6〕《國語・周語》 幽王二年，西周三川皆震。伯陽父曰：「周將亡矣！夫天地之氣，不失其序；若過其序，民亂之也。陽伏而不能出，陰迫而不能烝，于是有地震。今三川實震，是陽失其所而鎮陰也。陽失而在陰，川源必塞；源塞，國必亡。夫水土演而民用也。水土無所演，民乏財用，不亡何待？昔伊、洛竭而夏亡，河竭而商亡。今周德若二代之季矣，其川源又塞，塞必竭。夫國必依山川，山崩川竭，亡之徵也。川竭，山必崩。若國亡不過十年，數之紀也。夫天之所棄，不過其紀。」是歲也，三川竭，岐山崩。十一年，幽王乃滅，周乃東遷。

〔註7〕同第一章註2，頁349。

〔註8〕同第一章註2。

〔註9〕爻的本義是「交」、「效」，綜橫之交、陰陽之交，「效」則是通過「交」所產生的「效用」，可以通過全局計算來衡量，依不同方法、體系、定位立極，有相應不同解釋。

〔註10〕同第一章註2，頁377。

卦，正是《周易》卦形與符號體系的完整建立，也確定了《周易》一書的基本框架與結構。進而產生解說這些卦形所蘊涵之義理的卦辭、爻辭，所以〈繫辭傳〉曰：八卦以象告，爻象以情言〔註11〕。所以卦爻成形，爻象以言，則《周易》古經部分乃全部完成。到漢代，學者又將〈易傳〉合於古經。至此，《周易》這部合卦形、符號與文辭經傳一體的著作，別於其他經典的形式而現於世，《周易》的精微義理也由於〈易傳〉的闡發而擴展，構成中國特有的哲學理論體系，並對學術文化產生極大的影響。

二、〈易傳〉的十翼及其內容

〈易傳〉是一部透過不同角度來解釋與闡述《周易》經部義理的專論文篇。其分別為：〈文言〉、〈彖傳〉上下、〈象傳〉上下、〈繫辭傳〉上下、〈說卦傳〉、〈序卦傳〉、〈雜卦傳〉，凡七種，共十篇，漢人取其意為「傳之於經，猶羽翼之於鳥也」，故又稱之為「十翼」。亦稱之為〈易大傳〉。本節就〈易傳〉各篇的內容，試簡敘於下〔註12〕：

〈文言〉：分為乾文言、坤文言，分別詳盡的解說乾、坤二卦的卦辭、爻辭與其意旨。解乾卦者曰乾文言，解坤卦者曰坤文言。關於，「文言」兩字之義，一般認為，言之無文，行而不遠，故用有文采的語言來修飾乾、坤二卦，這種文辭，即為文言。〈文言〉解經，大都是從人事的觀點來解釋爻辭，尤重於闡發君子進退出處與成德之道。

〈彖傳〉：隨《周易》上、下經而分為上下兩篇。〈彖傳〉每卦一則，分別解釋六十四卦的卦名、卦辭與全卦大旨。孔穎達〔註13〕《周易正義》云：「彖，斷也。斷定一卦之義，所以名為彖也〔註14〕。」彖有二義：一指卦辭，即「《周易》卦下之辭謂之為彖」〔註15〕的「彖辭」；另一指〈易傳〉中的〈彖傳〉。兩

〔註11〕同第一章註2。

〔註12〕戴璉璋，《易傳之形成及其思想》（台北：文津出版社，1989年）

〔註13〕孔穎達（574年－648年），字衝遠，冀州衡水（今屬河北）人。孔安之子，孔子三十二代孫。唐朝經學家。生於北朝齊後主武平五年（574年），八歲就學，曾從劉焯問學，日誦千言，熟讀經傳，善於詞章，隋大業初，選為「明經」，授河內郡博士，補太學助教。隋末大亂，避地虎牢（今河南省滎陽氾水鎮西北）。入唐，任國子監祭酒。曾奉唐太宗命編纂《五經正義》，融合南北經學家的見解，是集魏晉南北朝以來經學大成的著作。卒於貞觀二十二年（648年），終年75歲。

〔註14〕同第一章註2。

〔註15〕孔穎達《左傳·襄公九年·疏》

者內容相異而名稱相同，容易混淆，故有人又稱卦辭爲「大象」，以爲區別。〈象傳〉闡釋卦名、卦辭、卦義，一般皆由卦體、卦德、卦象的角度來進行，且多能指明卦中主爻，有時亦有義理的發揮。

〈象傳〉：隨《周易》上、下經而分爲上下兩篇。〈象傳〉又分爲兩大類，解釋卦象、卦名與卦義，不解釋卦辭的稱爲〈大象傳〉，每卦一則，共六十四則；解釋爻象的稱爲〈小象傳〉，每爻一則，再加上乾卦的「用九」與坤卦的「用六」，合之共三百八十六則。「象」即爲「象徵」、「形象」之義。〈象傳〉一般皆先解釋每卦上下象相重的旨義，再從中推衍、引申出關於政治、人事的象徵意義。

〈繫辭傳〉：篇幅較長，亦分爲上下兩篇。是中國最早解釋《周易》古經的通論，有總綱，有細目，內容亦多論及《周易》作者、成書年代，包含《易》觀物取象的方法及《易》學的延伸與義理演繹，更不漏解釋八卦之象與《易》筮略例的展示，爻辭的說明等。〈繫辭傳〉非常全面的闡發了《周易》古經各方面的內容，並對古人解說《易》理有更創造性的發揮，融入了許多哲學的思想，有助於後人對經義的理解。

〈說卦傳〉：共分爲十一章，是解說乾、坤、震、巽、坎、離、艮、兌八個經卦卦象的專論，除了八卦的卦象、性質與功能，並未說及相重的六十四卦。文中先述以蓍衍卦的歷史，次言八卦先天、後天兩種方位，著眼於萬物生程發展過程，所表現的重要功能，然後集中說明八卦的取象特點。其所羅列的象例，更是後人理解《易》象產生及推衍的重要資料，也是占筮者不可或缺的重要依據。

〈序卦傳〉：作者主要依據卦名，說明六十四卦的編排順序及各卦相聯的意義。〈序卦傳〉分爲兩段，前段解說《周易》上經〈乾〉、〈坤〉到〈離〉三十卦的次序，後段解說下經〈咸〉到〈未濟〉三十四卦的編次。文中所述各卦依次相承的意義，或有發展，或爲轉化，但整體說來，只是依卦名的含義去推想其前後聯繫的依據。事實上，人們雖然認爲《周易》六十四卦的編排次序絕不是隨意的拼湊組合，然而目前爲止，卻仍未有確切與圓滿的說明前一卦名與後一卦名之間的結構關係。

〈雜卦傳〉：不是依〈序卦傳〉的排列順序，而將六十四卦分成三十二組兩兩相對的形式，透過簡單的文字解釋各卦的卦義與特性。各組的兩卦之間，其卦形多爲相錯（六爻相互交變，又稱正對），或相綜（卦體相互顛倒，又稱反對），其卦旨多爲相反。「雜卦」之「雜」，即韓康伯注〈繫辭傳〉所謂「雜

糅眾卦，錯綜其義」的意思。要旨在揭示《周易》古經關於事物對待的原理及其變化規律。

自經傳合編本的《周易》在漢代出現，後代學者多依此本研讀，遂使〈易傳〉不僅成為人們學習《周易》古經的重要津梁，而且成為《周易》本身的一個組成部分。

第二節　《周易》與中國的卜筮

一、龜卜和占筮

原始文明對於事物的發展缺乏足夠的認識，因而藉由自然界的徵兆來指示行動。從文明的發展歷程中，古人大多相信有天神或者是上帝的存在，並且認為天神對人世間的萬事萬物具有主宰的能力。因此，每當遇到有任何狐疑難決的事情時，總希望能透過各種管道或自然的徵兆，祈問天神的意志；但自然徵兆並不常見，必須以人為的方式加以考驗，占卜的方法便隨之應運而生。而龜卜和占筮即是古人藉以窺視與了解天神意志的兩種方式，在古代社會政治生活中，它們佔有十分重要的地位。如《史記‧龜策列傳》〔註16〕記載：

> 太史公曰：自古聖王將建國受命，興動事業，何嘗不寶卜筮以助善！唐虞以上，不可記已。自三代之興，各據禎祥。涂山之兆從而夏啟世，飛燕之卜順故殷興，百穀之筮吉故周王。王者決定諸疑，參以卜筮，斷以蓍龜，不易之道也。

又說：

> 聞古五帝、三王發動舉事，必先決蓍龜。〔註17〕

因此，本節將就龜卜與占筮的內容，再作探討。

在古漢語中〝占卜〞的〝占〞是指蓍占，〝卜〞是指龜卜，蓍占和龜卜都是中國遠古時的占卜方法，其中龜卜的歷史更為久遠〔註18〕，約可上溯至6000

〔註16〕韓兆琦，《新譯史記‧第八冊列傳3》（台北：三民書局，2008年）

〔註17〕韓兆琦，《新譯史記‧第八冊列傳3》（台北：三民書局，2008年）

〔註18〕參見張得水、李麗娜，〈中國史前的骨卜、龜卜和玉卜〉，《河南博物院學術園地》，2008年。

據目前的考古資料，骨卜這種占卜習俗最早可上溯至6000多年前的仰韶時代，如在河南淅川下王崗仰韶文化三期遺存中就發現一有燒灼痕的羊肩胛骨；與其年代相當的甘肅武山傅家門的馬家窯文化石嶺下類型，其「房子和窖穴內共發

多年前的仰韶時代〔註19〕，顧名思義，龜卜所用的主要材料就是龜甲，其中主要是腹甲，有時也用背甲。但原法已經失傳，殷墟甲骨文即是龜卜存在的直接考古證據；著占因為記錄於〈繫辭傳〉，其方法得以保存至今。

　　卜，主要的發展與輝煌時期在商代〔註20〕，周代則是卜筮並用。殷墟出土的甲骨文，即是商朝宮廷內部占卜問事所記錄的文辭。由於龜的來源比較困難，因此，有時也用一些獸骨來代替龜甲。獸骨主要是牛肩胛骨，也有少量的牛頭骨、鹿頭骨或虎骨等。龜甲和獸骨合稱甲骨。甲骨的一個共同特點是平面較寬，因為這樣便於在上面刻寫卜辭，同時，也便於堆垛存放。甲骨使用之前要經過一定的修治。特別是背甲，要中剖為左右兩半，個別還要削成鞋底形的。加工修治好的壞骨，有固定的形狀，然後在甲骨背面進行鑽鑿。鑽鑿大致可分三種情況：第一種是鑽鑿並用；第二種是只鑽不鑿；第三種是只鑿不鑽。其中在龜甲和獸骨的背面鑿和鑽孔，對於占卜來說十分重要，其目的是在以後的燒灼時，能在甲骨正面呈現兆紋。

　　著名甲骨學專家董作賓〔註21〕先生曾說：「鑿之，所以使正面（腹甲外面）易於直裂也。鑽之，所以使正面易於橫裂也。鑽鑿之後，灼於鑽處，即可使正面見縱橫之坼文，所謂卜兆者也。」〔註22〕

而古籍中亦有記載，如：

　　《荀子·王制篇》云：「鑽龜陳卦」；

　　《韓非子·飾邪篇》云：「鑿龜數筮」；

　　《史記·龜策列傳》云：「必鑽龜廟堂之上」，「卜先以造灼鑽」。

現帶有陰刻符號蜀卜共6件。這些卜骨經過鑑定，為羊、豬和牛的肩胛骨，器身不加修飾，無鑽，無鑿。符號簡單，可能是用石制尖狀器刻劃而成。

〔註19〕河南省文物研究所、長江流域規劃辦公室考古隊：《淅川下王崗》，北京：文物出版社，1989年。

〔註20〕張得水、李麗娜，〈中國史前的骨卜、龜卜和玉卜〉，《河南博物院學術園地》，2008年。

〔註21〕董作賓（1895年～1963年），原名作仁，字彥堂，號平廬。河南省南陽人。甲骨學家。
　　　　1923年入北京大學研究所，開始研究甲骨文，從1928年至1937年針對河南安陽殷墟發掘甲骨15次，董作賓參加了前7次和第9次發掘，將收集到的甲骨文分為五期：盤庚武丁時代、祖庚祖甲時代、稟辛康丁時代、武乙文丁時代、帝乙帝辛時代。被譽為「甲骨學四堂」之一。

〔註22〕董作賓，《董作賓學術論著·商代龜卜之推測》（台北：世界書局，2008年），頁95，頁總43。

都是明證。

　　甲骨經過整治以後，接下來的步驟就是放在炭火上燒灼了。炭火應主要集中在鑽鑿處，由於受火不均，加上鑽鑿處較薄，經過一段時間的燒灼之後，這些地方就會發生爆裂，從而在甲骨正面呈現兆紋。卜人就根據兆紋的形狀來判斷所卜事情的吉凶。至於什麼樣的兆紋是吉，什麼樣的兆紋是凶，當時必有一定的規定，但我們今天已不能了解了〔註23〕。商代占卜過的甲骨，多數在「兆」的附近有刻辭，內容多為占卜的時間，占卜者的名字，問事的內容，以及占驗結果等。在同一片龜甲或胛骨上，往往經過若干次占卜。

　　周代的甲骨文早在一九七七年之前，即有九處出土，但數量甚少。一九七七年八月，陝西省周原考古隊在陝西岐山縣鳳雛村發掘周代甲組建築基地時，出土卜甲一萬六千七百餘片，定名「周原甲骨文」。一九七九年，又於同一遺址中發現四百餘片卜甲和卜骨。據一些保存較好、內容較為完整的卜辭來看，文辭長短不同，長者多達三十餘字，短者約十字左右。今岐山縣鳳雛村一帶，就是周都城岐邑之中心。研究「周原甲骨文」，無疑對周代歷史，周代文化以及對《易經》和六十四卦的形成等研究，都具有重要意義。〔註24〕以上，從卜辭的語法結構，從內容，從史料等資料都是《易經》形成的前期文化背景。

　　龜卜之後又產生了蓍筮，筮與卜不同，卜是在將龜甲或獸骨鑽灼之後看其徵兆，再根據徵兆評斷吉凶，徵兆亦即象。而筮則是用策、蓍草來求一數，再以此求得之數判斷吉凶。占卜用龜甲或獸骨比較繁難，於是用蓍草占卜，產生了筮法。

　　《禮記・曲禮》上說：「龜為卜，筴為筮。卜筮者，先聖王之所以使
　　民信時日，敬鬼神，所以使民決嫌疑，定猶與也。故曰，疑而筮之，
　　則弗非也。日而行事，則必踐之。」

　　《說文・竹部》說：「筮，《易》卦用蓍也。從竹巫。」

　　段玉裁注說：「《禮記・曲禮》曰，『龜為卜，策為筮。』策者蓍也。
　　從竹者，筮如算也，算以竹為之。事近于巫也。」

　　《說文・竹部》說：「筭，長六寸，所以計曆數者。從竹弄，常弄乃

〔註23〕朱伯崑，《易學基礎教程》（台北：志遠書局，2004年）
〔註24〕張政烺，〈試釋周初青銅器銘文中的易卦〉、《考古學報》1980年第四期。

不誤也。」

《老子》二十七章說：「善數不用籌策。」

《呂氏春秋‧勿躬》說：「巫咸作筮。」

《論衡‧卜筮篇》說：「子路問孔子曰：『豬肩羊膊可以得兆，藿葦
藁芼可以得數，何必以蓍龜？』孔子曰：『不然。蓋取其名也。夫蓍
之爲言耆也，龜之爲言舊也，明狐疑之事，當問耆舊也。』。」

筮用的蓍策，不像甲骨一樣可作記錄，也不像甲骨那樣能經久不壞；不過由
於古人往往卜、筮並行，有時會將占筮所得的數字刻在卜筮的甲骨上，因而
使筮保留下一些痕跡；此外，古人也常常將其卜筮的結果製作在陶器及青銅
器上。以前學者們看到這些數字的組合認爲是族徽或奇字〔註25〕，直到一九七
八年，才被張政烺先生揭開謎底，認出這些是最早的筮卦〔註26〕。

從龜卜到蓍筮，不僅代表著從商至周在占卜方法的演化，在文化層面，
更意味著周文化的演進。當周滅商之後，繼承了商的文化，又發展了文化。
從生產力看，商還是初進農業社會，遊獵、牧畜還佔有重要的地位。周已進
入農業社會。筮占正是產生於脫離牧畜時代，而進入農業社會的周代。甲骨
占卜需要大量的龜甲和獸骨的物質條件，這在周代已經漸漸辦不到的，才有
蓍筮的產生。筮，必須計數，這就應用了數學概念，而數字的排列與組合，
產生了六十四卦。筮法的出現可以顯現當時人們的數學水準已經很高，數學
是專講數字的，數字的最大特點即是抽象性。

由上可知，筮或蓍是一種數學計算的行爲，而其目的是爲了明狐疑之事，
使民信時日，敬鬼神，定猶豫，筮的起源與數有關，也與巫有關。

二、《周易》中卜、筮與卦的關係

由占筮而成書，即是《周易》。《周易》經的部分包括筮與卦兩項內容。
筮很重要，從《周易》形成的歷史看，先有筮後有卦，沒有筮也就沒有卦，
筮至少與卦有同等的意義。

關於《易經》一書的性質，主要有兩種不同的認識。一種是傾向於把它
看成是義理之書；〈易傳〉之後，解釋《易經》的主要有兩大派，即象數派和

〔註25〕唐蘭，〈在甲骨金文中所見的一種已經遺失的中國古代文字〉《考古學報》，
　　　　1957 年第二期。

〔註26〕同註 19。

義理派。象數派主張透過研究象和數來弄清《易經》的真實內容。所謂〝象〞，指卦象以及八卦所取的事物之象，再加上卦辭和爻辭中講到的物象，如乾卦的卦象是☰，所取的事物是天。所謂數，指〈繫辭傳〉傳中提到的天地之數和大衍之數等。南宋大哲學家朱熹，也認同《易經》確實是一部卜筮之書。

> 《朱子語類》中說：「《易》本卜筮之書，……想當初伏羲畫卦之時，只是陽爲吉，陰爲凶，無文字，某不敢說，竊意如此。後文王見其不可曉，故爲之作彖辭。或占得爻處不可曉，故周公爲之作爻辭……皆解當初之意。〔註27〕

這段話的意思是說，《周易》原本是作爲卜筮之用的書，書中的內容，不僅是卦象，連卦辭和爻辭，也都是爲卜筮而寫的。如他說卦爻辭中的「利涉大川」、「利有攸往」等，只是告訴人們利於行舟、利於啓行等，並沒有什麼深遠的道理。朱熹也認爲卦爻辭中包含了對古代許多卜筮實例的記錄，如《易》中言：帝乙歸妹，箕子明夷，高宗伐鬼方之類，可能爲當時帝乙、高宗、箕子也曾占得此爻，故後人因而記之。而聖人以入爻也。朱熹的意思，這些爻辭本來可能是對歷史上帝乙、高宗及箕子進行占筮活動的記錄，後來周公才把它們編入爻辭。朱熹的這種認識在當時是開創性的，在今天看來，基本上也還是正確的。

根據古代文獻的記載，《易經》在周代是由卜人、筮人等來掌握的。

> 《周禮·大卜》說：「大卜掌三易之法，一曰連山，二曰歸藏，三曰周易。其經卦皆八，其別皆六十有四。」

> 《周禮·筮人》也說：「筮人掌三易以辨九筮之名，一曰連山，二曰歸藏，三曰周易，……以辨吉凶。」

以上也說明了《易》之爲書，主要的功用乃在於分辨吉凶，很明顯地是以《易》爲筮書。

《易經》本爲卜筮之書，我們在《左傳》和《國語》中也可以看出來。《左傳》和《國語》中保存的大都是春秋時期的史料，其中涉及《易》者共二十二處，計《左傳》十九處，《國語》三處。這二十二處中，有十六處是用《易》來占筮人事吉凶的，另有六處是引用《易》之卦象或卦爻辭來論證人事的。由這個比例觀察，春秋時期的人們利用《易經》，主要還是做爲從事占筮的功能來看待。不過，也同時隱含了當時人們也漸漸將《易》的內容朝向哲理化的解釋。

〔註27〕 同第一章註1，頁 1621～1622。

　　《易經》本是卜筮之書，我們也可以從它的內容中得到論證。如《易經》卦象是由「--」和「—」兩個符號構成，這是爲了使人們能通過一定方法求得卦象，以判斷吉凶。至於卦辭和爻辭，主要就是說明吉凶之用。如〈需卦〉的卦爻辭〔註28〕是：

　　　需：有孚，先亨貞吉，利涉大川。

　　　初九　需于郊，利用恒，无咎。

　　　九二　需于沙，小有言，終吉。

　　　九三　需于泥，致寇至。

　　　六四　需于血，出自穴。

　　　九五　需于酒食，貞吉。

　　　上六　入於穴，有不速之客三人來。

　　　　　敬之，終吉。

在此卦的卦爻辭中可以看出許多包含斷占的辭句，亦即論斷吉凶的語句。如卦辭中的「貞吉，利涉大川」，初九的「無咎」，九二的「小有言，終吉」，九五的「貞吉」，上六的「敬之，終吉」等。在九三和六四爻的爻辭中雖然沒有斷占之辭，但其中仍舊包含了吉凶之義，如九三爻辭「致寇至」，即表示招來盜匪之意，顯然代表不吉利的涵義。九四爻辭「需於血，出自穴」，則有先凶後吉之義。《易經》卦爻辭或是直接，或是間接地說明吉凶，這也證明它確是卜筮之書。

　　前面提到，在《周易》的形成過程是先有筮後有卦，這也表示筮是比較原始，卦比較複雜，所以筮在先、卦在後。而在卜筮的結果中，該從龜卜或占筮，古人在文獻裡也有記載。

　　　《禮記・曲禮》鄭注：「大事卜，小事筮」。

　　　《周禮・筮人》：「凡國之大事，先筮而後卜。鄭注：當用卜者，先筮之，即事有漸也。」賈疏：「筮輕龜重，漸者先即筮。」

　　　《左傳》僖公四年，晉獻公欲以驪姬爲夫人，先卜不吉，後筮吉，一吉一不吉。公曰：「從筮。」卜人曰：「筮短龜長，不如從長。」

綜上所載，周人重卜不重筮，乃因筮較卜晚出的關係〔註29〕。我們還可由其他

〔註28〕　同第一章註2，頁50～51。

〔註29〕　金景芳，《周易通解・易學之起源與發展》（長春：吉林省長春出版社，2007年），頁15。

的文獻中得到卜先於筮的證論。例如：

> 《左傳》僖公十五年韓簡說：「龜，象也。筮，數也。物生而後有象，
> 象而後有滋，滋而後有數。」

> 《禮記‧曲禮》曰：「龜為卜。」又曰：「策為筮。」

> 《禮記‧曲禮》疏引劉向云：「著之言者，龜之言久，龜千歲而靈，
> 著百年而神，以其長久，故能辨吉凶。」

從上面可以得知，物生之後先有象，而後滋長而有數。卜用象，筮用數，筮
之前有卜，卜的年代比筮更古老，故卜重於筮〔註30〕。此外，

> 《說卦傳》說：「昔者聖人之作《易》也，幽贊於神明而生著，參天
> 兩地而倚數，觀變於陰陽而立卦。」

> 《周易正義》乾‧初九文：「用著以求數，得數已定爻，累爻而成卦。」

由這段話也可以明白先有著（筮）而後立卦。三者產生的歷史次序是卜、筮、
卦，便可以得到充分的論證。

　　《周易》以卦象來反映天地之萬事萬物，《周易》的卦象有兩種，一為八
卦，一為六十四卦，一般認為六十四卦是從八卦演變來的。因此，探討卦象
的起源，也就是探討八卦的起源。針對這個問題的說法有以下一些見解。一
是伏羲氏觀象立卦，見於〈繫辭傳〉，曰：

> 古者包犧氏之王天下也，仰則觀象於天，俯則觀法於地，觀鳥獸之
> 文，與地之宜，近取諸身，遠取諸物，於是始作八卦，以通神明之
> 德，以類萬物之情。〔註31〕

一是畫卦說。從卦，象上來看，八卦是由「--」和「—」兩個符號構成的。
具體的方法，便是將「--」、「—」依三重疊、分別組合，導出八種卦象。

> 是故易有太極，是生兩儀，兩儀生四象，四象生八卦，八卦定吉凶，

〔註30〕 金景芳，《周易通解》（長春：吉林省長春出版社，2007年）
　　　　龜之取名為舊為久，根據文字學「聲先于形，義統于聲」之理論，則古人所
　　　　以名龜為舊之音，（《說文》：龜，舊也」。段注謂以：疊韻為訓。）必由熟見
　　　　此物，而知其老壽，故以舊或久發聲呼聲之，後制文字，遂象其形而聲無改；
　　　　然則卜之用龜，其為魚獵社會之決矣。著，草屬，在漁獵社會，當不注意，
　　　　何由知其為著？（《說文》：「著，從草，耆聲，生千歲，三百莖。」）伏羲之
　　　　世，佃漁方興，距耕稼之期尚遠，固不能用之筮卦以決疑也，吾故曰：「伏羲
　　　　氏時，卜或有之，斷無有筮；筮之興也，至早當在神農之世。」
〔註31〕 同第一章註2，頁350。

吉凶生大業。〔註32〕

是故四營而成易，十有八變而成卦，八卦而小成。引而伸之，觸類
而長之，天下之能事畢矣。顯道神德行，是故可與酬酢，可與祐神
矣。子曰：「知變化之道者，其知神之所爲乎。」〔註33〕

由而觀之，聖人作易，畫八卦，以括萬事萬物之象，僅爲小成而已。引而伸
之，順其類而推求之，增長之，即構成六十四卦，三百八十四爻。方作成一
部《易經》，而天下之能事也皆盡在此《易經》之中了。

此外，在卦爻象起源的問題上，值得注意的是現代學者屈萬里和張政烺
提出的兩種看法。他們的看法都與近代考古發現有關。屈氏認爲易卦源於龜
卜，比較注意易卦的結構與龜卜的相似之處。張氏則認爲易卦源於數字卦〔註
34〕，重視卦爻象與數字的關係〔註35〕。從筮數到爻象，是一個重大變化的過
程，筮數的數值已被抽象化了，只因其爲奇爲偶而作爲陽爲陰的符號，而不
論其數值的大小。數字卦的發現，爻象源於筮數的主張，近年來在學術界有
很大影響。但是，用筮數如一、五、六、七、八等卻不能方便而合理地說明
爲什麼《易經》只有八個經卦，六十四個別卦。

總括言之，對卦爻象起源的探討，近些年雖有一些有影響的意見提出，
仍不外取象和取數兩種說法，還不能說已經有了一個滿意的答案。

三、《周易》的筮法與成卦方式

上面已經大體說明了筮或著的產生、發展及其性質，接著還要更進一步
了解《周易》的筮法。筮法即是筮的具體方法，了解筮法對我們了解《周易》，
其意義不亞於卦〔註36〕。用《易經》這部書來占筮，首先一定具備求得卦象的
方法，即是揲著以成卦的方法，這就是一般所說「筮法」。《左傳》、《國語》
中記載了許多卜筮的言行，卻未提到卜筮的方法。《周禮‧春官‧筮人》說：

筮人掌三《易》以辨九筮之名……九筮之名，一曰巫更，二曰巫咸，
三曰巫式，四曰巫目，五曰巫易，六曰巫比，七曰巫祠，八曰巫參，
九曰巫環，以辨吉凶。

據此我們知道古代曾有過九種筮法。但是，九種筮法各是如何演算、成卦，各有什麼特點，《周禮》卻沒有具體的交代，在其他的文獻中亦未涉及，我們也無從知曉。另外，在《儀禮》中有一些關於筮的記載〔註37〕，也都僅是提到有關於筮的儀節，筮法本身如何，同其他古籍一樣沒有講。然而，我們必須知道筮法是如何演算，才能求出卦來。目前，我們所唯一知道的筮法，是保存在〈繫辭傳〉中的片簡殘篇。其內容如下：

> 大衍之數五十，其用四十有九。分而為二，以象兩，掛一以象三，揲之以四，以象四時，歸奇以扐。以象閏，五歲再閏，故再扐而後掛。〔註38〕

> 天一地二。天三地四，天五地六，天七地八，天九地十。〔註39〕

> 天數五，地數五，五位相得而各有合。天數二十有五，地數三十。凡天地之數五十有五。此所以成變化而行鬼神也。〔註40〕

> 乾之策，二百一十有六；坤之策，百四十有四。凡三百有六十，當期之日。二篇之策，萬有一千五百二十，當萬物之數也。〔註41〕

> 京房曰：「五十者，謂十日，十二辰，二十八宿也，凡五十。其一不用者，天之生氣，將欲以虛來實，故用四十九焉。」〔註42〕

> 馬季長（馬融）曰：「《易》有太極，謂北辰也。太極生兩儀、兩儀

〔註37〕《儀禮》中有提到關於筮的內容篇目如右：《士冠禮》篇說「士冠禮，筮於廟門」，主人「即位於門東，西面。有司如主人服，即位於西方，東面，北上。筮與席、所卦者，具饌於西塾」，「筮人執策，抽土韇，兼執之，進受命於主人。宰自右少退贊命。筮人許諾，右還即席坐，西面。卦者在左，卒筮，書卦、執以示主人。主人受視，反之。筮人還，東面，旅占卒，進告吉。若不吉，則筮遠日，如初儀」。
〈特牲饋食禮〉篇、〈少牢饋食禮〉篇記祭祀祖稱筮日，情況與〈士冠禮〉略同。
〈士喪禮〉篇記筮宅（即筮埋葬地點）為情況略異。筮宅的地點在兆域（墳地）不在廟門，主人北面而不西面。筮的結果給命筮者看，不給主人看。占之曰從或不從，不說吉或不吉。凶禮筮宅與吉禮筮日，因為主人的感情不同，筮儀的細節便有所區別。
〔註38〕同第一章註2，頁328～330。
〔註39〕同第一章註2，頁336～337。
〔註40〕同第一章註2，頁330～331。
〔註41〕同第一章註2，頁331。
〔註42〕同第一章註2，頁329。

生日月，日月生四時，四時生五行，五行生十二月，十二月生二十
四氣。北辰位居不動，其餘四十九轉運而用也。」〔註43〕

苟爽曰：「卦各有六爻，六八四十八，加乾坤二用，凡有五十：乾初
九，『潛龍勿用』，故用四十九也。」〔註44〕

鄭玄曰：「天地之數，五十有五，以五行氣通，凡五行減五，大衍又
減一，故四十九也。」〔註45〕

姚信、董遇曰：「天地之數，五十有五者，其六以象，六畫之數，故
減之而用四十九。」〔註46〕

王弼曰：「演天地之數，所賴者五十也，其用四十有九，則其一不用
也。不用而用以之通，非數而數以之成，斯《易》之太極也。四十
有九，數之極也。夫无不可以无明，必因於有，故常于有物之極，
而必明其所由之宗也。」〔註47〕

朱熹曰：「大衍之數五十，蓋以《河圖》中宮天五乘地十而得之；至
用以筮，則又止用四十有九。蓋皆出于理勢之自然，而非人之知力
所能損益也。」〔註48〕

〈繫辭傳〉這一段話所陳述的即揲蓍求卦的過程。「衍」通「演」。「大衍之數
五十」，是說明用來成卦的蓍草共需要五十根。求卦的過程，從五十根蓍草中
取出一根置於一旁不參與推演的過程，此一不用的蓍草用來象徵太極的意
思；這樣就只剩下了四十九根，即所謂「其用四十有九」。王博先生認爲：

照〈繫辭傳〉的說法，要經過十八變才能確定一卦的卦象。每卦有
六爻，即三變成一爻。我們先來看一下確定一爻的過程。首先是第
一變。這包括四個步驟：（一）分而爲二以象兩。即把四十九根蓍草
隨意分成兩堆以象兩儀；（二）挂一以象三。即取兩堆中任一堆中的
一根蓍草，置於一邊，這樣，兩堆共有四十八根蓍草以象天、地、
人三才。（三）揲之以四以象四時。揲是數的意思，這個步驟是將兩

〔註43〕同第一章註2，頁329。
〔註44〕同第一章註2，頁329。
〔註45〕同第一章註2，頁50～51。
〔註46〕同第一章註2，頁50～51。
〔註47〕同第一章註2，頁328。
〔註48〕〔宋〕朱熹《周易本義》（台北：大安出版社，1999年），頁245。

堆著草以四爲單位來計算象徵四季的運行。（四）歸奇於扐以象閏。
奇，指餘數，揲著的結果，餘數不外四、三、二、一這麼幾種，而
且，如果一堆餘數是四，另一堆也一定是四，一堆是三、二、一，
另一堆則是一、二、三，兩堆的餘數相加必是四或八，沒有其他的
可能性。扐，可能是手指之間。第四個步驟的意思是說將餘數放在
手指之間，作爲象徵三年一潤。這四個步驟，稱作「四營」，即分二，
挂一，揲四，歸奇。〈繫辭傳〉說：四營而成易。易就是一變，是說
四營構成一變。第一變的結果，除去挂一、歸奇的部分，剩下的著
草數目可能有兩種：一種是四十九減去一，再減去四，餘四十四：
另一種是四十九減去一，再減去八，餘四十。接下來是第二變，將
第一變後餘下的著草（四十四或四十根），再按四營的程序數一遍，
餘下來的著草數目有三種可能性：四十、三十六或三十二根。然後
再進行第三變，即將第二變後餘下的著草按四營的程序數一遍，餘
下的著草數目，其結果有四種可能性：三十六、三十二、二十八、
二十四。至此，三變完畢。那麼，如何確定一爻之象呢？〔註49〕

關於確定一爻之象的方法，普遍的做法是看三變之後剩下的餘數，然後除以
四。由於三變以後的著數有三十六、三十二、二十八、二十四這四種可能性，
再各除以四，最後可以得到九、八、七、六這四個數字。其中九和七爲奇數，
屬陽性，九爲老陽，七爲少陽；八和六爲偶數，屬陰性，八爲少陰，六爲老
陰。如果三變之後所得的餘數除以四，其結果是九或七的話，則畫一陽爻
「—」；其結果是六或八的話，則畫一陰爻「--」。這樣確定的就是初爻的爻
象。其餘二、三、四、五，上各爻的爻象也由同樣的方法確定。經過十八變，
一卦六爻的形象就全部確定了。至此，揲著成卦的過程就宣告完成。

　　求得一卦的卦象以後，接下來還有一個重要的是如何占卜吉凶。這就是
所謂占法的內容。王博先生說：

　　依筮法筮得一卦象後，有時並不一定依此卦卦象、卦辭或爻辭來預
　　測吉凶，而是用其他卦的卦象、卦辭或爻辭，或者將這兩卦合看。
　　其中的要點就在於有變爻和不變爻的區分。什麼是變爻，什麼是不
　　變爻？就必須依據筮法中的七、八、九、六這四個數字來判定。簡
　　單的說，如果最後是由九和六得到的爻就稱爲變爻，如果是由七和

〔註49〕同註18，頁29～30。

八決定的爻則稱爲不變爻。變爻的意思就是能變化的爻；變化的方式就是由九確定的陽爻應該變成陰爻，而由六確定的陰爻則應該變成陽爻。如果筮得的卦象六爻都由七和八來確定，則此六爻都是不變爻。這時，就用此卦的卦辭來占吉凶。但是，如果六爻中有變爻，那情況就複雜得多。

值得提出的是，乾卦中的用九和坤卦中的用六與占法有關。乾卦六爻全部是陽爻，按筮法，七和九都代表陽爻，但七是不變爻，九是變爻。如果乾卦六陽爻全部由九求得，即全部是變爻，這時就應該依用九來判斷吉凶。同樣，坤卦的六爻全部是陰爻，陰爻可由六和八求得，但六是變爻，八是不變爻，如果坤卦六陰爻全部是六，那就應該按用六來判斷吉凶〔註50〕。

從筮法中我們可以了解《易經》確實與數字有著密切的關係。它的產生與人們對數字的認識程度有關。這也說明筮法成卦不會出現的太早〔註51〕。從《易經》形式上來看，《易經》內只有卦象，並未看到數字。然而，象和數卻有非常密切的關係，《易經》中的象就是透過筮法中的數確定，所以象中包含了數。也可以說，在《易經》中，象和數是相互融合在一起的。這即是韓簡所說：「龜，象也；筮，數也。」的了解。

第三節　《周易》經傳的象數與義理

一、《周易》經傳的結構

《周易》是由六十四卦構成，六十四卦的排列和組合有特殊的意義和聯繫，不允許顚倒錯篇。六十四卦又分上經及下經兩部分，上經由乾、坤開始，至坎、離止，共三十卦；下經由咸、恆開始，至既濟、未濟止，共三十四卦。《周易》包括經與傳的內容，這也是《周易》與其他古籍經典在結構上最大的不同。《周易》經的部分包括「筮」與「卦」兩種內容。本文前面章節已經說明過卜、筮、卦的一個形成關係，本節首先將藉由乾卦的內容，說明「卦」的主要結構。

乾☰（乾下乾上）

乾：元、亨、利、貞。

〔註50〕同註18，頁30～31。
〔註51〕同註18，頁31。

初九，潛龍勿用。

九二，見龍在田，利見大人。

九三，君子終日乾乾，夕惕若厲，无咎。

九四，或躍在淵，无咎。

九五，飛龍在天，利見大人。

上九，亢龍有悔。

用九，見群龍，无首，吉。〔註52〕

第一個乾字是卦名，卦名之後由六個「─」符號組成的☰，是乾卦的卦畫。卦畫不是文字，是一種符號，但它是經文主要的組成部分，也是最基本部分，因爲其後的文字都是在對卦畫的說明。從《易》的發展過程，最早產生的是卦畫，然後有卦名，及解釋它的文字─「卦辭」。以乾卦爲例，即是卦畫之後的「乾，元、亨、利、貞。」五個字。「卦辭」是唐代才開始使用的，唐代以前叫做「彖」。卦辭之後是初九、九二、九三、九四、九五、上九等六條爻辭。乾卦共有六個爻（其他六十三的卦也是），每一個爻含有兩個層面的意義，一是爻的位次，一是爻所表徵的性質。一卦之中有六個位次，自下至上，依次叫做初、二、三、四、五、上。卦畫符號有「─」和「--」兩種，一長叫陽，兩短叫陰。在《周易》裡「─」用數字九表示，「--」用數字六表示。當一個「─」或一個「--」進入一卦，占有一定位次的時候，我們就可以稱它爲爻了。爻的名稱叫「爻題」。《周易》有六十四卦，每卦六爻，共三百八十四爻，所以有三百八十四個爻題。乾卦六個爻的全稱應該是乾初九、乾九二、乾九三、乾九四、乾九五、乾上九。

爻題下有一段文字，用以說明該爻的性質與特點，叫做「爻辭」。如：「初九，潛龍勿用」，「九二，見龍在田，利見大人」等，都是爻辭。每卦六爻，有六條爻辭，全《易》三百八十四爻，共有三百八十四條爻辭。較特殊的是乾、坤兩卦，在六爻之外多出用九、用六。用九有一辭「見群龍无首、吉」，用六有一辭「利永貞」，這兩條辭不是說明某一爻的，所以不算爻辭。因此《周易》的經是由卦名、卦畫、卦辭、爻辭所組成的。有關「傳」的部分前面章節已有論述，本節不再贅言。但是對於《周易》一書經傳內容與結構的排列方式，有幾點特殊的部分要提出。

[註52] 同第一章註2，頁1～8。

　　第一點，「經」與「傳」的置放位置，乾卦、坤卦與其餘六十二卦皆不盡相同。乾卦先列卦辭和爻辭，然後是〈彖傳〉、〈大象〉、〈小象〉。坤卦將〈彖傳〉、〈大象〉置於卦辭之後，爻辭列在最後。乾卦將六爻辭和「用九」集中在一起，將〈小象〉集中列於〈大象〉之後。坤卦則將〈小象〉錯置於爻辭之後，解釋該爻辭之象。其餘六十二卦的排列方式與坤卦同為卦名、卦畫、卦辭，之後是〈彖傳〉和〈大象〉。最後是爻辭和〈小象〉錯置排列。還有一項差別是坤卦與乾卦各還有一篇〈文言傳〉，是別的卦所沒有的。

　　第二，《周易》六十四卦，分為上、下經兩部分，然而，卻不是上、下經各三十二卦，而是上經是三十卦，下經是三十四卦。現代學者呂紹綱先生有這樣的看法：

> 為什麼不平均分開呢？唐代學者孔穎達引用《易緯・乾鑿度》的說法加以解釋，主要申述了兩點道理。一點說陽三陰四，上經三十卦象陽，下經三十四卦象陰。另一點說「乾坤者，陰陽之本始，萬物之祖宗」，所以以乾坤為上篇之始。「離為日，坎為月，日月之道，陰陽之經，所以始終萬物。故以坎離為上篇之終也」。這是說上經為什麼始於乾坤而終於坎離。下經從咸、恆兩卦開始，這是因為咸、恆兩卦是講男女有別，夫婦之道的；男女有別，夫婦之道是人道之始，所以下經自咸、恆起。以上兩點理由，第一點甚足牽強，實際上沒什麼道理，三十四是偶數，三十何嘗不是偶數，很難說三十象陽，三十四象陰。我以為古人把《易經》分為上下兩部分的用意，就在於一則強調乾、坤是六十四卦之首，二則強調咸、恆是人道之始。尤其後一點更為重要，表明《易經》的作者都重視天之道、人之道。〔註53〕

呂先生的看法甚是有理，在〈序卦傳〉的第一句：有天地，然後萬物生焉，盈天地之間者唯萬物，故受之以屯〔註54〕。即明白地指出，乾為天，坤為地，有天地之後萬物才產生的。接著又說：「有天地然後有萬物，有萬物然後有男女，有男女然後有夫婦，有夫婦然後有父子，有父子然後有君臣，有君臣然後有上下，有上下然後禮義有所錯。夫婦之道不可以不久也，故受之以恆〔註

〔註53〕同註31，頁16～17。
〔註54〕同第一章註2，頁394。
〔註55〕同第一章註2，頁396。

55〕。」在〈序卦傳〉中即可以很明確的發現，在有天地萬物之後，人類的產生與男女之別是另一個階段的開始，自此而有上下之分與禮義之德。這也足以說明為何《周易》上經始於乾、坤，下經始於咸、恆的道理。

第三，有關「經」與「傳」是分開而不相混雜，還是「傳」文雜入於「經」中，自古以來是有變化的。《漢書·藝文志》說：「《易經》十二篇。」顏師古注：「上下經及十翼，故十二篇。」即是由漢初田何所傳授的今文易，其內容即是經歸經，傳歸傳，經與傳不相混雜。至東漢鄭玄注《易經》，使用費直的古文本子，把〈彖傳〉、〈象傳〉與經文混合起來，並於〈彖傳〉、〈象傳〉前加「彖曰」、「象曰」，以與經文區別。魏人王弼注，晉韓康伯補注的《易經》，用的也是鄭玄的本子。唐代初年孔穎達主編《五經正義》，也是用王弼、韓康伯所注的本子。到了宋代，程頤作《伊川易傳》，也是王弼的本子。至《四庫全書》收入的阮元《十三經注疏》中，《周易》取的也是王弼、韓康伯與孔穎達的注疏本，綴成為今日《周易》的通行本。

二、筮卦中的哲學

《周易》始於卜筮，卻又逐漸形成哲學的思想，特別在〈易傳〉產生之後，透過哲學性質的語言，將卜筮中所含的隱晦哲學內涵毫無保留的透露出來，但它仍然保持著卜筮作為存在的形式，又與哲學牢牢地聯繫在一起，將兩種矛盾的東西很自然地互為裨補表達出來，這也是為什麼《周易》幾千年來一直保持著它的神祕性，卻深深吸引人的地方。

《四庫全書總目·經部總敘》說：「《易》則寓于卜筮，故《易》之為書，推天道以明人事者也。」《易》把要表達的思想皆寓於卜筮之中。因此，要研究《周易》的哲學，自然先要在卜筮中尋找了。研究《周易》的卜筮，就是在筮與卦中研究筮法、卦爻及其卦序。有關卜、筮與卦的關係在前文中已經討論過，先賢從《易經》的卜筮中所探討的哲學思想，在〈易傳〉即「十翼」中更表現得其精微。那麼，《周易》所要探討的哲學思想究竟是甚麼，正是本節所要討論的重點。《易緯乾鑿度》中曾經提過：易者易也，變易也，不易也。今人徐芹庭先生對此三易的意義有更深入的說法〔註56〕：

（一）易。就是簡易、平易的意思。因為天地自然的法則，本來就是那樣簡樸而平易的。

〔註56〕南懷瑾 徐芹庭，《周易今注今釋》（台北：台灣商務印書館，1974年），頁2。

（二）變易。認為天地自然的萬事萬物以及人事，隨時在交互變化之中，永無休止。但是這種變化的法則，卻有其必然的準則可循，並非亂變。

（三）不易。天地自然的萬事萬物以及人事，雖然隨時隨地都在錯綜複雜、互為因果的變化之中，但所變化者是其現象。而能變化的，卻本自不易，至為簡易。

自秦漢以來，有關易學的研究大要皆不脫離此「三易」之說。徐芹庭先生認為，在唐、宋之後的易學研究，其易學內涵範圍更包含有「理、象、數」三個要點，其論述如下〔註57〕：

「理」，便是類似於哲學思想的範圍。它是探討宇宙人生形上、形下的能變、所變，與不變之原理。

「象」，是從現實世界萬有現象中，尋求其變化的原則。

「數」，是由現象界中形下的數理，演繹推詳它的變化過程，由此而知人事與萬物的前因與後果。反之，也可由數理的歸納方法，瞭解形而上的原始之本能。

由上可知，「易」是《周易》非常重要的基本概念，宇宙萬象，變化莫測；人生際遇，動止紛紜。易學的內涵，無非教人知變與適變。《禮記‧五經解》中提到易學的宗旨說：「絜靜精微，易之教也。」就如同徐芹庭先生的看法〔註58〕：從「理、象、數」的精華來看易學，由「乾」、「坤」兩卦開始，錯綜重疊，旁通蔓衍，初從八卦而演變為六十四卦。循此再加演繹，層層推廣，便多至無數，大至無窮，盡「精微」之至。如果歸納卦爻內在的交互作用，便可瞭解六十四卦的內容……，由此而精思入神，便可瞭解一畫未分以前，陰、陽未動之初的至善真如之境界，可以完全體認大易「絜靜精微」的精神，就能把握到自得其圜中的妙用了。《周易》用筮與卦表達思想的特點是由天道推及人事。關於天道的認識，在卦裡有，在筮裡也有，筮裡表現的天道尤為集中、突出。天道不是別的，就是自然界和自然界的規律。《周易》把人放在重要的地位，天地代表自然界，人是人類社會，在《周易》看來，人類自身和自然界同樣是人類認識的對象。人類既是主體，也是客體，人是《周易》哲學的重要概念。把人類自身同自然界聯繫起來，考察它們的運動規律，由天

〔註57〕同註51，頁12。
〔註58〕同註51，頁12～13。

道推及人事，是《周易》鮮明特點。所以，在〈繫辭傳〉說：「子曰：『夫《易》何爲者也？夫《易》開物成務，冒天下之道，如斯而已者也。是故聖人以通天下之志，以定天下之業，以斷天下之疑。』」〔註59〕。孔子也明白地告訴我們，《周易》就是一部有關哲學的書。

卦爻大部分內容是反映世界處在永遠變化之中，藉由陰陽剛柔的交錯迭用，反映世界運動變化的永恆性和普遍性。在卦爻裡，變是絕對的，不變是相對的。在〈易傳〉中，已經很清楚討論過這個問題。透過卦爻更反映出一個歷史過程及其變化。〈繫辭傳〉說：「《易》之爲書也，原始要終，以爲質也。六爻相雜，唯其時物也。」六十四卦作爲一個整體，實質是一個發展過程。卦反映時，爻反映時之變。因此，卦爻辭成爲《周易》中最重要的哲學表徵；呂紹綱先生說〔註60〕：「卦辭與爻辭有明顯的不同，如同〈繫辭傳〉所云：『象者，言乎象者也；爻者，言乎變者也』。又云：『象者，材也；爻也者，效天下之動者也』。卦辭反映一卦之象，是靜態的，故取一個象即可。爻辭也反映象，但是反映動態的象，故一卦六爻往往取多個象，即便六爻取同一象，這一象也必須能反映動態。如乾卦，卦辭取象天而六爻爻辭取龍爲象，天能表現健，龍不但能表現健，還能表現變化中的健。」卦爻辭保留著卜筮語言的神祕性特點，也爲筮卦開創了哲學的發展性。

三、具數以言象，因象而明理

《周易》以「象」來表達思想與義理，有其特殊的意涵，一則要表達思想要具有最大的抽象性，唯此，也才能表象出最大的靈活性與適應性。二則，《易》原爲卜筮之書，爲保有其神祕的色彩，光是靠卜筮的結果來說明吉凶還不夠，還須假託「象」以表達出來。

簡單地說，《易》所表現的「象」主要有三個層次；

第一，透過「—」、「--」的符號以象「陰陽」，這也是《易經》中最大，最基本的象。透過陰陽以反映世界萬物的千變萬化，以陰陽對位的變化關係和相應關係〔註61〕，實在地反映了世界與世間的變化。

〔註59〕同第一章註2，頁337。

〔註60〕同註31，頁87。

〔註61〕同註31，頁21。

《易》中陰陽主要表現在卦畫上，用「—」符號代表陽，用「--」符號代表陰。四象、八卦、六十四卦變化多端，其根源不過「—」、「--」兩種符號。

　　第二，《易》以「八卦象物，以物類情」，將陰陽世界中抽象性的變化關係，以具體的事物表徵出來。正如《周易闡微》中說的：「世界萬事萬物莫不分陰分陽，有柔有剛，《易》用陰陽爲象豈不全部包括了，何必八卦又取實物爲象？這是因爲陰陽是世界萬事萬物千殊萬別，千變萬化的最高的抽象，它是由具體上升而來，但是《易》爲了把它要反映的對象落實到具體時間條件下的具體事物上，又必須將它所取的象由抽象上升到具體。在分陰分陽，有柔有剛的前提下，取具體的實物爲象表達具體的事物和具體的事理，必須在八卦重爲六十四卦的時候才能實現。也就是說，八卦相錯，三畫卦變爲六畫卦，八個三畫卦的諸多實物取象才有實在的意義〔註62〕。」故在〈說卦傳〉中有許多章節是說明聖人何以做《易》，何以分陰陽而立卦，八卦何以爲象，以及八卦重爲六十四卦的關係，我們可以試窺其堂奧。

> 昔者聖人之作易也，幽贊於神明而生著，參天兩地而倚數，觀變於陰陽而立卦，發揮於剛柔而生爻，和順於道德而理於義，窮理盡性以至於命。〔註63〕

> 昔者聖人之作易也，將以順性命之理。是以立天之道曰陰與陽，立地之道曰柔與剛，立人之道曰仁與義。兼三才而兩之，故易六畫而成卦，分陰分陽，迭用柔剛，故易六位而成章。〔註64〕

> 天地定位，山澤通氣，雷風相薄，水火不相射，八卦相錯。數往者順，知來者逆，是故易，逆數也。〔註65〕

由上述〈說卦傳〉這三節的說明，正足以證明先人是如何具數以立卦，言象而推於萬物之理，《易經》是用卜筮以決斷將來的吉凶，所以《易經》是要用逆推的方法以測知天下的事理。因此，在很多的情況下，八卦的實物取象或許仍然不足以說明具體事物和具體事理，但《易》又可透過逆推之理另外取象。這些取象一般和八卦原有的取象沒有關係，是屬於臨時性質，這就是《易經》中的第三的層次，八卦重爲六十四卦，不僅實現了具體事物與事理的多重性，更體現出《易》中所要闡述的變易觀念及《易》所隱含的演繹精神。

　　《周易》六十四卦揭示給人們的是一個千殊萬別的世界，它指示人們從

〔註62〕同註31，頁22。
〔註63〕同第一章註2，頁380〜383。
〔註64〕同第一章註2，頁383〜384。
〔註65〕同第一章註2，頁384。

萬物的差異中認識萬物，尋求物我的關係，安排自我的位置，〈同人卦〉的〈大象傳〉說：「天與火，同人。君子以類族辨物。〔註66〕」其文即是告誡君子要「類族辨物」。《周易》哲學的精華主要寓於六十四卦排列的結構之中，再透過〈易傳〉得到闡發。〈易傳〉在六十四卦結構問題上下的功夫最大，〈易傳〉的概念、命題實際上講的許多都是《易經》六十四卦的結構問題。離開〈易傳〉，對《周易》進行任何哲學評估都將是困難的。〈易傳〉對於乾坤兩卦居首和乾先坤後的結構特點，特別重視，反覆強調。〈繫辭傳〉說：「乾坤其易之縕邪？乾坤成列，而易立乎其中矣。乾坤毀，則无以見易，易不可見，則乾坤或幾乎息矣〔註67〕。」從這段話的哲學意涵可以看出，易是一個生生不息的過程，由乾坤而蘊萬物，乾上而坤下，生生而不息。〈繫辭傳〉又說：「是故夫象，聖人有以見天下之賾，而擬諸其形容，象其物宜，是故謂之象。聖人有以見天下之動，而觀其會通，以行其典禮，繫辭焉以斷其吉凶，是故謂之爻。極天下之賾者存乎卦，鼓天下之動者存乎辭。化而裁之存乎變，推而行之存乎通，神而明之存乎其人，默而成之，不言而信，存乎德行〔註68〕。」由上文可知，聖人因見天下萬事萬物的繁賾，而擬測其形態的種類，象徵其物象的適宜，故而謂之「象」。聖人見天下一切動作行為的眾多，而觀察它們可以會通之道，以製定經常的規範，又繫之以文辭，以斷定它的吉凶，所以謂之「爻」。將天下繁雜的事物，皆藏之於「六十四卦」之中，鼓動天下的動作行為的，用「爻辭」解釋出來，變化而裁制之，即是所謂的「變」，發揮而推行之，使其通於萬事萬物，進而明其神奇奧妙之道，在乎其人的運用。所以，在〈繫辭傳〉也提道：「是故四營而成易，十有八變而成卦，八卦而小成。引而伸之。觸類而長之，天下之能事畢矣。顯道，神德行。是故可與酬酢，可與祐神矣。子曰：『知變化之道者，其知神之所為乎〔註69〕？』」《周易》透過卜筮、數、卦以象萬事萬物之理，人如果能明白箇中之道，即可應酬於人世間，如獲神明之祐助。

〔註66〕同第一章註2，頁87。
〔註67〕同第一章註2，頁343。
〔註68〕同第一章註2，頁344～345。
〔註69〕同第一章註2，頁331～333。

第三章 《周易》的自然生成觀

第一節 以《周易》為中心的東方自然觀

一、中國式的東方自然觀之形成與演變

公元前 500 至 600 年，約春秋戰國時期，是中國哲學形成的一個重要時期，以老子為代表的道家學派，和以孔子為代表的儒家學派，分別從不同角度對中國古代的自然觀作了不同的陳述與解釋，創立了中國古代自然觀的基本框架。一般認為，從西周開始一直到《易經》經傳形成的這一時期，是中國傳統自然觀形成的關鍵時期。這一時期關於自然觀討論的中心問題歸納集中在下列幾項[註1]：

1.關於天的本質、結構，天與地的關係，它的起源和演化。

2.天與萬物的關係，天、地與人的關係。

3.關於天的運動規律，天與人的行動法則的關係。

4.關於物質的結構、運動法則；物質與精神的統一問題。

《周易》哲學的特點，在於由天道而推及民情與世故、由自然規律推及社會規律，再由自然與社會的客觀規律，推及人的思想意識的規律。從對天的迷信到對天的懷疑，進而對天道和人道關係的認識。甲骨卜辭中採用龜甲和蓍草占卜，到西周時進一步發展為更簡便、釋義更明確的八卦占卜，但其基本思想仍然是對天命的迷信。孔子的學說，雖然論及「天命」，例如《論語·季

〔註 1〕同第一章註 20，頁 95。

氏篇》：

> 孔子曰：「君子有三畏：畏天命，畏大人，畏聖人之言。小人不知天
> 命而不畏也，狎大人，侮聖人之言。」〔註2〕

《論語‧八佾篇》又曰：

> 王孫賈問曰：「與其媚於奧，寧媚於灶，何謂也？」子曰：「不然，
> 獲罪於天，無所禱也。」〔註3〕

然而，孔子主要是在探討人的學習和修養，而不是天命問題，他的研究已從
「天道」轉向「人道」，即社會、政治問題。孔子認眞地研究過《易經》和《尙
書》等古代文獻。也接受了《易經》的自然哲學思想並作了發展，大體相當
於〈易傳〉所闡述的自然哲學。孔子已經把天道和人道作出了區分，天道只
是由於自然的原因而呈現出的事物相互作用的規律，而不是由於什麼超自然
的原因。知天命者，通過學習增長才智，認識到「天道」，是固有的東西，明
白了自己應該怎麼做才合於天道，因而才能獲得自由。〈繫辭傳〉說：「《易》
之爲書也，廣大悉備。有天道焉，有人道焉，有地道焉。兼三材而兩之，故
六。六者非它也，三材之道也〔註4〕。」三才，指天、地、人。這裡，區分出
天道、地道和人道，即區分出自然規律和社會規律。

　　除了孔子，老子和莊子，尤其是老子，其哲學大多論述天道和地道，即
自然之道。老子已經提出了一個「道」的範疇，奠定了道家自然哲學的基礎，
成爲古代中國自然觀的重要組成部分，戰國時期的另一重要文獻《管子》，是
春秋戰國時代各自然觀的匯合，對研究中國古代自然觀體系很具有參考價
值。它兼取各家學說，相互補充，從側面、多層次地論述了自然的本源、規
律，論述了人和自然的關係，以及社會政治倫理哲學和自然規律的關係。例
如，〈四時〉論述了天道表現爲陰陽和四時變化的見解，論述了天道的自然性。
〈形勢〉論述天地人的關係。〈水地〉論述地和水的規律。〈內業〉論述道和
氣的本質。〈心術〉論述思維和道的關係。〈白心〉論述對道家「無爲說」的
看法〔註5〕。《管子》比較明確地主張天和天道的自然本質。它吸收了道家自然
哲學的合理方面，捨棄了儒家對天的看法。在管仲學派的學說中，自然具有

〔註2〕〔宋〕朱熹，《四書集注‧論語集注》（台北：世界書局，1990年），頁71。
〔註3〕同第二章註66，頁11。
〔註4〕同第一章註2，頁375。
〔註5〕同第一章註20，頁97。

至上的地位，比如它認為氣是一種自然體，陰陽、四時的變化是一種自然的規律，提出了生命的自然演化說。強調天道的客觀性和其自然本質，也強調人的心理必須合於道，透過認識客觀規律，效法自然，順應自然。

戰國末期，荀子是一位更強調自然觀的學者，荀子的〈天論〉進一步發揚了春秋戰國時代的自然觀，荀子認為天並不是由天文現象所解釋的具體事物，而是包括一種抽象的概念。由於人們無法具體描述自然的一切現象，因而用神和天來代表。荀子更進一步認為，許多天災人禍，是由人的錯誤造成的，透過認識自然，研究天象、四時、地宜、陰陽等，就能順乎天而守常道。例如在〈天論〉篇中曾經說：

> 雩而雨，何也？曰：「無何也，猶不雩而雨也。天旱而雩，卜筮然後決大事，非以為得求也，以文之也。故君子以為文，而百姓以為神。
> 以為文則吉，以為神則凶也。」〔註6〕

荀子教導人們要從認識自然的角度去服膺於自然的規律，而不應該迷信而不了解自然的常道，最後反而容易招致禍端。由此也能了解到，至戰國末期，經過諸子百家的努力，已初步形成一個獨具特色的東方式自然哲學體系。不論是道家從自然無為的角度，或是儒家以「人」和「仁」為中心的哲學觀，這些先秦時期的學者，所開拓的哲學思想，已經成為中國自然觀發展的兩個重要支柱。

二、《周易》的時空觀

《周易》作為一部卜筮的書，可藉以作哲學的詮釋，雖然沒有專門的章節對時空觀作闡述。但通觀全書，卻發現《周易》具有相當系統性的時空觀。朱熹說：「是以六十四卦為其体。三百八十四爻互為其用。遠在六合之外，近在一身之中，暫于瞬息，微于動靜，莫不有卦之象焉，莫不有爻之義焉〔註7〕。」就表明六十四卦、三百八十四爻之象義已容納了整個宇宙。而《周易》時空系統最基本的特點是以時間為主軸，藉由統和空間，將時間與空間構成一個統整體。乾、坤二卦的〈象傳〉也闡發了《周易》時空觀的意涵。

> 大哉乾元，萬物資始，乃統天。雲行雨施。品物流行，大明終始，
> 六位時成，時乘六龍以御天。乾道變化，各正性命，保合太和，乃

〔註6〕〔唐〕楊倞注；〔清〕王先謙，《荀子集解・考證》（台北：世界書局，2005年），頁292。
〔註7〕同第二章註43。

利貞。首出庶物，萬國咸寧。〔註8〕

至哉坤元，萬物資生，乃順承天。坤厚載物，德合無疆，含弘光大，
品物咸亨。牝馬地類，行地無疆。柔順利貞，君子攸行，先迷失道，
後順得常。〔註9〕

這兩段話正展現了《周易》對天地時空的敘述，展現一幅天地本元及其滋生繁
殖的畫面。所以說「大哉乾元」，「坤厚載物」，「德合無疆」。即是此一畫面的背
景。而〈易傳〉作者更觀察到日月雲雨的終始變化，晝夜四時的形成運作，以
及品物萬類如何由乾坤孕育出來，然後流形、生長、成熟。「萬物資始乃統天」，
「時乘六以御天」，「萬物資生乃順承天」。「資始」、「時乘」、「資生」都是時間
的流動。而「統天」、「御天」則說明時間對無邊天宇的時空統合關係。地以「資
生」來「順承天」，則進一步說明填滿宇宙空間的是萬物的生化、流動和演變。
這即是〈繫辭傳〉上所說的：「是故法象莫大乎天地，變通莫大乎四時〔註10〕」。

《周易》以時間為主的時空觀還可以從陰陽為命題的部分得到證明，如
〈繫辭傳〉說：

一陰一陽之謂道。繼之者善也，成之者性也。仁者見之謂之仁，知
者見之謂之知。百姓日用而不知，故君子之道鮮矣。〔註11〕

日往則月來，月往則日來，日月相推而明生焉。寒往則暑來，暑往
則寒來，寒暑相推而歲成焉。往者屈也，來者信也，屈信相感而利
生焉。〔註12〕

《周易》六十四卦、三百八十四爻，從乾、坤開始，既濟、未濟結束，所描
述的天地萬物之生成，就是宇宙的時間流程。就《周易》六十四卦而言，即
象徵是整個宇宙的時空；再分別從卦爻來看，一卦六爻則是每一個具體事件
的時空組合。六個爻位既表示事件發生的場所，又呈現事件演繹的時程。各
卦由六爻構成的時空關係，又隨其事件而有各自相對的獨立性。而整個宇宙
的時空就是由這些相對獨立的事件相互連結而成。由《周易》相鄰二卦有整
卦翻轉或陰陽爻相應交換的對偶情形，可推想宇宙的時空是透過不同時間的

〔註 8〕同第一章註2，頁8。
〔註 9〕同第一章註2，頁30。
〔註10〕同第一章註2，頁340。
〔註11〕同第一章註2，頁315。
〔註12〕同第一章註2，頁358。

反覆連結貫串起來的連鎖關係，再透過其時間的流程交代事件所發生時的場境。對《周易》的作者來說，時間與空間是相互連結成一體的。

　　《周易》的自然觀不僅使《周易》的時間與空間連結，還使時空與具體的事物也連結在一起。

　　《文言‧乾》說：「君子終日乾乾，與時偕行。」〔註13〕

　　《艮‧象》又說：「時止則止，時行則行，動靜不失其時，其道光明。」
〔註14〕

意思正說明，做任何事情都要依循時間的規律和條件而進行，才有可能成功。而每個人、每件事所處的境域、狀態並不相同，都是個別的存在，所以其所依循的「時」，也必定是相對的、具體的。時間本身就意味一切相關條件和所處關係在不斷變化，所以「與時偕行」，正是要求做事當順隨變化的關係而調適。劉長林在〈周易的時空觀〉一文中曾經說過：「《周易》中大約涉及了三類具有普遍意義的時空體系：（一）天地自然時空體系；（二）人世社會時空体系；（三）個人時空体系。這三類時空體系相對獨立，相互包容，相互影響〔註15〕。」

　　在〈易傳〉中有，也有一些對於天地自然時空的描述，如下：

　　大明終始，六位時成，時乘六龍以御天〔註16〕。（〈乾‧彖〉）

　　坤道其順乎，承天而時行〔註17〕。（〈文言‧坤〉）

　　天地節而四時成〔註18〕。（〈節‧彖〉）

　　日中則昃，月盈則食，天地盈虛，與時消息〔註19〕。（〈豐‧彖〉）

〈賁‧彖〉又說，

　　賁亨，柔來而文剛，故亨。分剛上而文柔。故小利有攸往。天文也。

　　文明以止，人文也。觀乎天文，以察時變；觀乎人文，以化成天下。

〔註20〕

〔註13〕同第一章註2，頁23。

〔註14〕同第一章註2，頁250。

〔註15〕劉長林，《中國象科學觀—易、道與兵、醫》下冊（北京：社會科學文獻出版社，2007年），頁669。

〔註16〕同第一章註2，頁8。

〔註17〕同第一章註2，頁36。

〔註18〕同第一章註2，頁282。

〔註19〕同第一章註2，頁263。

〔註20〕同第一章註2，頁124。

《周易》已經很自然地將個人、社會甚至於整體宇宙的關係結合在一起，而其相應的時空關係也很自然地互相融和又具有規律性的變化。一切人事活動都必須順從天地的盈虛，宇宙天地的時空變化。因為人類生存在天地之中，天、地、時、空是由日月的運動所產生，不受人的控制。儘管人們有自己相對獨立的時空，但必須與包容著它們的宇宙時空互相適應。故〈易傳〉提過要與「日月合其明，與四時合其序」。在順乎天時，還必須遵循人世社會以及個人所具有的時空規範。這是《周易》對時空的認識與運用最為特別的思維方式。

三、《周易》的宇宙論

〈易傳〉認為，《易經》之所以可以預測未來、決斷吉凶，其緣由如同前文所述，《易經》猶如整個宇宙天地的縮影，內蘊著整個宇宙天地之間的妙理。如同〈繫辭傳〉所說：

> 古者包犧氏之王天下也，仰則觀象于天，俯則觀法于地，觀鳥獸之文，與地之宜，近取諸身，遠取諸物，于是始作八卦，以通神明之德，以類萬物之情〔註21〕。

因為卦象是上古聖人仰觀天文、俯察地理，近取於身，遠取於物，對整個自然界觀測其條理，總括而匯聚集成，所以《易經》囊括著人世和自然界一切事物發展變化的道理，取之不盡，用之不竭，從中可以找到一切事物變化趨勢及其結局的答案。〈繫辭傳〉就把它概括成一句話：「易與天地準，故能彌綸天地之道〔註22〕」。再透過揲蓍成卦的過程，是模仿天地、四時，五年一閏的數目演變的程序，使整個求卦程序具有天時、節氣演化的象徵意義。中國後來研究易學的學者透過〈繫辭傳〉中：「是故易有太極，是生兩儀。兩儀生四象，四象生八卦。八卦定吉凶，吉凶生大業〔註23〕」。這一段話，推衍出一套關於宇宙生成的模式，認為宇宙演化過程是按二的倍數逐次增加，而且愈分愈細，沒有窮盡。這對中國傳統哲學中的演化論具有深遠的影響。在此以前，古人以天神為天地萬物的本原。從老子和漢《易》開始拋棄了這種天命論的信仰，以理性探討宇宙和人類的起源問題，這是一大進步。雖然它們對天地萬物起源和演化的觀點具有猜測的性質，但是把宇宙視為一個綜合體，

〔註21〕同第一章註2，頁350～351。
〔註22〕同第一章註2，頁312。
〔註23〕同第一章註2，頁340。

認為天地萬物和人類的出現，經歷了一個演化的過程，由混沌向清晰、由單一向眾多演化，為中國古代對宇宙的認識勾劃出基本的思考方式。

演化論是從起源問題上探討宇宙的統一性，但是對於卦爻的本質與其所揭示的現象，則必須透過本體論的論述來探討宇宙的統一性。〈易傳〉認為，卦爻象的變化遵循一定的規律。如乾坤兩卦，其爻象相互推移，則分別形成其他六十二卦。乾坤，是《周易》的基礎。由前文探討發現中，卦象是有形的，稱之為器，爻象變化的法則是無形的，稱之為道。所以〈繫辭傳〉中提道：

> 是故形而上者謂之道，形而下者謂之器。化而裁之謂之變，推而行之謂之通。舉而措之天下之民，謂之事業〔註24〕。

又說：

> 聖人立象以盡意，設卦以盡情偽，繫辭焉以盡其言，變而通之以盡利，鼓之舞之以盡神〔註25〕。

古人認為卦象可以表達吉凶之義。象是有形的，可以感知的，義理是無形的，隱藏在卦象之中。後來的易學學者透過對道和器、象和義的解釋，以形器或形象代表事物的現象，以道和義代表事物的本質，將道器和象義的關係歸之為本質與現象的關係，在哲學上導出宇宙本體論的學說，大大豐富了中國傳統哲學的內容。

透過演化與本體本質現象的討論，就可以開始探討《周易》對天地萬物是以甚麼樣的形態存在，而這也是《周易》宇宙論的重要哲學問題。在中國古代的哲學發展中，對於宇宙形態的討論，一派認為，就根本而言，宇宙是靜止的、凝固不變的，變化只是表面的現象，其原因在於事物外部。一派認為，宇宙本質上是運動變化的，運動變化原因在事物的內部。朱伯崑認為：「在中國古代哲學中，易學系統的發展觀是後一派別的代表。其發展觀主要涉及到以下三個問題：（一）天地萬物處在不斷流轉和更新的過程中。（二）天地萬物變化的原因基於剛柔相推。（三）天地萬物的變化遵循一定的規律〔註26〕。」

《易經》用蓍數的變化得出卦象，又以卦爻象的變化判斷，筮法本身即具有變化的觀念，故稱其為「易」，即變化之意。這在前文中已經論述。

〔註24〕同第一章註2，頁344。
〔註25〕同第一章註2，頁343。
〔註26〕同第二章註18，頁351～355。

〈易傳〉的這種變易觀後被歷代易學所闡發，對《周易》來說，宇宙的形態即是個體事物一生一滅、連續不斷而又向前發展的過程。《易經》中卦爻象的變化，並非雜亂無章，如一卦變爲八卦，八卦衍爲六十四卦，都遵循陰陽二爻排列組合的法則。〈易傳〉的作者依此提出了事物的變化是具有規律性的，如《恒‧象》曰：

> 恒、久也。剛上而柔下。雷風相與，巽而動。剛柔皆應，恒。恒「亨，
> 无咎，利貞」，久於其道也。天地之道，恒久而不已也。「利有攸往」，
> 終則有始也。日月得天而能久照，四時變化而能久成。聖人久於其
> 道而天下化成。觀其所恒，而天地萬物之情可見矣〔註27〕。

日月運行遵循其規律，才永放光明；四時的變化遵循其規律，才長久而有秩序，歷代學者依此而闡述世界變化具有規律的學說。卦爻象和事物的變化雖遵循一定的規律，但並沒有固定不變的形式，如某卦象，由於其爻象和爻位的變化，可以變爲另一卦象，也可成爲其他卦象。就如同〈繫辭傳〉所說：

> 易之爲書也不可遠，爲道也屢遷，變動不居，周流六虛，上下无常，
> 剛柔相易，不可爲典要，唯變所適〔註28〕。

在肯定事物變易的規律性的基礎上，又提出因時通變的原則，也是易學哲學對中國傳統哲學的一大貢獻，易學關於宇宙形態的學說，充滿了辨證思維的內容，成爲具有東方特色的宇宙形態論。

第二節　《周易》的思維方式

《周易》的表現形式是象和辭；《周易》的內蘊是義和理。象分爲爻象和卦象；辭分爲爻辭、卦辭和卦名；義與理是象、辭所象徵的事物中所包含的意義及道理，貫通象、辭及天地萬物，也是《周易》研究所要揭示的內涵。研究易學，從具體到抽象的思維，最後留給人類的成果，莫過於其中的思維方式。而本節將就《周易》的直觀思維、《周易》的形象與象數思維、《周易》的邏輯思維、《周易》的辯證思維來探討《周易》的思維方式。

一、《周易》的直觀思維

直觀思維是從感官的直接感受或經驗，判定事物及其發展趨勢的一種思維

〔註27〕同第一章註2，頁168～169。
〔註28〕同第一章註2，頁370。

方式。《周易》用它來描摹天地萬物，體認事物及其發展趨勢，判定人事的禍福吉凶，決定人的舉止動靜及進退取捨，作爲一種思維方式，影響著易學的研究。這種思維方式用以推測事物的未來，不是普遍的原則，而是前人的直觀感受或體驗，所以稱之爲直觀思維。《易經》中的卦爻辭，大多是前人處理生活中所遇之事的經驗記錄，出於個人體驗而不是一般的事理或原則。《易經》編者將它們匯集起來，經過篩選和編輯，作爲後人判定事物和推測未來的比照範例。這種思路正是直觀思維方式的表現。如〈履卦〉卦辭爲：「履虎尾。不咥人。亨。」〔註29〕按照卦爻辭是算卦者算卦及驗證情況記錄的說法，此卦表明，有人行事之前以筮法求吉凶，得〈履卦〉，之後外出行事，路經草野之地，無意中踩了老虎的尾巴，還好老虎未曾傷人。事後將〈履卦〉卦象及行事驗證的情況一併記錄下來，以示〈履卦〉爲吉利的象徵。《易經》編者以此卦卦辭爲此卦卦象的驗證結果，以此卦卦象爲此卦卦辭的先驗徵兆，將其編入《易經》之中，作爲後人求得此卦時預測吉凶的比照例證。這就是直觀體驗。

在《左傳》和《國語》中有關算卦的記載也有反映直觀思維的方式。如魯昭公七年秋八月，衛襄公死了，衛卿孔成子與史朝計議由誰繼位的問題。衛襄公有兩位公子，一位名叫縶，一位名叫元。縶年長，爲跛足；元年幼，爲全人。爲了解決疑惑，孔成子用《周易》算卦。得到下列三卦：

屯：元亨，利貞，勿用有攸往，利建侯。」

初九：盤桓，利居貞，利建侯。」

比：吉。原筮：元〔亨〕，永貞無咎，不寧方來後夫凶。

孔成子將算卦結果拿給史朝看。史朝說，一定是立元爲君了，還有什麼疑問呢？史朝看到卦辭有「元亨」二字，元字和元的名偶合，把亨讀爲享有的享，於是肯定元應該立爲衛君，享有衛國。而孔成子卻認爲卦辭「元亨」的元是長的意思，應該立衛侯的長子縶，所以提出疑問。史朝解釋，康叔在夢中親自許可立元爲君，才能叫做長（善之長也），縶有足疾，不能叫做長；又舉出〈屯卦〉卦辭「利建侯」來證明此事；舉屯、比「二卦皆云『元亨』」，強調應該立元。據此，孔成子立公子元爲君。史朝對本卦卦辭和爻辭的理解雖不完全合乎原意。但其基本的思路是以卦辭、爻辭記錄者的算卦直觀體驗進行比照。卦辭記錄者在求得屯卦、進行驗證時重立了新侯，得到了吉利；在求

〔註29〕同第一章註2，頁78。

得屯卦第一爻時，外出受阻，時進時退，歸家安居而轉爲吉利。史朝則以這種直觀體驗的記錄爲比照，分別判定立元爲君爲利，讓縶安居爲吉。

　　在上述的易例中，雖然最後不是以算卦者自身的直觀體驗、感受判定事物的前景和結局，而是以前人或卦爻辭記錄者的直觀體驗和感受來判定。這兩種判定的依據雖然不同，但同樣是依據直觀的體驗和感受，亦是遵循直觀思維的方式，不同之處在於其直觀感受是直接或間接的區別。

二、《周易》的形象思維與象數思維

　　〈繫辭傳〉說：「聖人設卦觀象，繫辭焉而明吉凶。〔註30〕」又說「聖人立象以盡，設卦以盡情僞，繫辭焉以盡其言。〔註31〕」、「八卦成列，象在其中矣。〔註32〕」《易經》原是卜筮之書，依照它的成書程序，先有爻象，後有八卦之象，再依八卦相重而有六十四卦之象。在已有卦象作爲算卦的依據前提，經過算卦過程的實踐，最後才於卜得的卦上附上卦爻辭。雖然附加其上的卦爻辭並未完全反映卦爻象的蘊義，但卻肯定原本的卦爻象本身是有其涵義的，也唯有透過這些卦爻象的涵義，才能推斷事物，預測事物變化的前景和未來的吉凶。也就是說，《易經》的創制者，在《易經》成書之前的這段漫長歷史中，是通過卦象作爲預測、判定事物的依據。而八卦及六十四卦卦象是所呈現的圖象都是人爲創制出來的，自然界中本無卦象的存在。而《易經》藉由八卦或者是六十四卦的卦象來表達人事的禍福，演而伸之予吉凶之義，便是一種形象思維的表徵。《易經》的創制者在運用形象思維的形式，並把這種思維的程序和結果用卦爻象記錄了下來。

　　這種形象思維的方式在〈易傳〉中更是表露無遺，尤其在〈說卦傳〉中，將前人提出的象徵意義匯集在一起，並從八卦基本象徵意義出發，沿著功能、屬性、形象、地位關係等幾個方面引申，把諸多象徵意義與基本象徵意義貫通形成了一個卦象譜系。例如：

> 乾，健也。坤，順也。震，動也。巽，入也。坎，陷也。離，麗也。
> 艮，止也。兌，說也。〔註33〕

> 乾爲馬，坤爲牛，震爲龍，巽爲雞，坎爲豬，離爲雉，艮爲狗，兌

〔註30〕同第一章註2，頁306～307。
〔註31〕同第一章註2，頁343。
〔註32〕同第一章註2，頁346。
〔註33〕同第一章註2，頁387。

為羊。〔註34〕

乾為首，坤為腹，震為足，巽為股，坎為耳，離為目，艮為手，兌為口。〔註35〕

乾，天也，故稱乎父。坤，地也，故稱乎母。震，一索而得男，故謂之長男。巽，一索而得女，故謂之長女。坎，再索而得男，故謂之中男。離，再索而得女，故謂之中女。艮，三索而得男，故謂之少男。兌，三索而得女，故謂之少女。〔註36〕

乾為天，為圜，為君，為父，為玉，為金，為寒，為冰，為大赤，為良馬，為老馬，為瘠馬，為駁馬，為木果。〔註37〕

坤為地，為母，為布，為釜，為吝嗇，為均，為子，母牛，為大輿，為文，為眾，為柄。其於地也為黑。〔註38〕

震為雷，為龍，為玄黃，為旉，為大塗，為長子，為決躁，為蒼筤竹，為萑葦。其于馬也為善鳴，為馵足，為作足，為的顙。其于稼也為反生。其究為健，為蕃鮮。〔註39〕

巽為木，為風，為長女，為繩直，為工，為白，為長，為高，為進退，為不果，為臭。其于人也為寡髮，為廣顙，為多白眼，為近利市三倍，其究為躁卦。〔註40〕

坎為水，為溝瀆，為隱伏，為矯輮，為弓輪。其于人也，為加憂，為心病，為耳痛，為血卦，為赤。其于馬也，為美脊，為亟心，為下首，為薄蹄，為曳。其于輿也，為多眚，為通，為月，為盜。其於木也，為堅多心。〔註41〕

離為火，為日，為電，為中女，為甲冑，為戈兵。其于人也，為大腹。為乾卦，為鱉，為蟹，為蠃，為蚌，為龜。其于木也，為科上

〔註34〕同第一章註2，頁388。
〔註35〕同第一章註2，頁388。
〔註36〕同第一章註2，頁388。
〔註37〕同第一章註2，頁389。
〔註38〕同第一章註2，頁389。
〔註39〕同第一章註2，頁390。
〔註40〕同第一章註2，頁390。
〔註41〕同第一章註2，頁391。

槁。〔註42〕

> 艮爲山，爲徑路，爲小石，爲門闕，爲果蓏，爲閽寺，爲指，爲狗，
> 爲鼠，爲黔喙之屬。其于木也，爲堅多節。〔註43〕

> 兌爲澤，爲少女，爲巫，爲口舌，爲毀折，爲附決。其于地也爲剛
> 鹵。爲妾，爲羊。〔註44〕

〈易傳〉不僅擴展八個經卦卦象各自所表徵的象徵意義，並且在這個基礎上說明八個經卦之間相互的關係。〈說卦傳〉對此有更集中表述。它把八卦兩兩相對起來，展示這種對立關係的象徵意義。如：

> 天地定位，山澤通氣，雷風相薄，水火不相射，八卦相錯。數往者
> 順，知來者逆，是故易，逆數也。〔註45〕

〈易傳〉藉由乾坤相對，展示天地高下的關係；以艮、兌相對，展示山澤之氣相貫的關係；以震、巽相對，展示雷風相互搏擊的關係；以坎、離相對，展示水火相互克制的關係。它用八卦的相互交錯，象徵事物之間的相互交錯，展示事物在相互交錯之中引出的發展變化。又引：

> 雷以動之，風以散之，雨以潤之，日以晅之，艮以止之，兌以說之，
> 乾以君之，坤以藏之。〔註46〕

藉以說明〈易傳〉作者認爲雷具有震動的功能，風具有散發的功能，水具有浸潤的功能，火具有烘烤的功能，山具有棲止的功能，澤具有取悅的功能，天具有主宰的功能，地具有容藏的功能，因此用八卦的交錯象徵雷、風、水、火、山、澤、天地的相互交錯，展示事物由交錯而引出的發展變化。

如此〈易傳〉的形象思維，不但以八卦卦象，八卦象徵的八種基本物象作爲思維素材、思維媒介，而且透過八卦象徵的引申物象，藉以引申事物之間的關係所演繹出來更多的種種現象、功能和屬性，再以此作爲思維素材和思維媒介，大大的拓展了《周易》形象思維的疆域，增加《周易》說明世界萬物及其發展變化的功能。接著，〈易傳〉又以八卦及八卦之間相互關係的象徵意義，解說六十四卦的象徵意義，通過形象之間的各種關係，將原本沒有內在聯繫的卦

〔註42〕同第一章註2，頁392。
〔註43〕同第一章註2，頁392。
〔註44〕同第一章註2，頁393。
〔註45〕同第一章註2，頁384。
〔註46〕同第一章註2，頁385。

象與卦名、卦辭互相結合，賦予了《易經》卦象更爲深遠的蘊義。

　　《周易》的形象思維是形象思維中的一種特殊類型，除了具備一般形象思維的特徵外，又有自身的特點。它以爻象、卦象爲誘發思維的本源，再以自然界及人類社會具體事物形象在人的頭腦中的印象爲思維的媒介，將爻象、卦象、易圖與頭腦中的印象映射結合起來，構成一種相互照應型的思維模式。

　　象數思維是以符號和數爲媒介，認識、推斷或預測事物及其發展變化的一種思維形式。與形象思維不同之處在於，它是借助形象進行思維的時候，總是伴隨著數的變化，以象數合一的觀念考察事物變化的過程和規律。如〈繫辭傳〉言：

> 參伍以變，錯綜其數，通其變，遂成天地之文，極其數，遂定天下
> 之象，非天下之至變，其孰能與於此。〔註47〕

象數思維作爲一種思維方式，是抽象的思維，如符號系統，與具體的思維，如形象思維，相結合的產物。它從具體中引出抽象，如聖人觀象作八卦，再從抽象中認識具體，如得卦觀象以判吉凶，將抽象的與具體的合而爲一，成爲《周易》思維的一大特色。象數雖然是一種形象思維，但是透過對事物的取象作比類與比擬，再附之以辭作爲形容，在卦象與卦辭之間，啓迪了人們的聯想，更誘發向邏輯思維形式推移。

三、《周易》的邏輯思維

　　《周易》中所蘊含現代的形式邏輯思維方式，主要表現在三個方面，即分類、類推和思維形式化。

　　分類，在《易經》中已可見端倪。比如爻象、卦象、爻辭、卦辭，皆有各自的功能，相互之間又存在固定的界限，分別成爲一類，而爻象、卦象、爻辭及卦辭內部又分爲吉、凶、悔、吝等不同的類別。發展到〈易傳〉，不但用類的觀點觀察和分析《易經》，而且將這種思維方式總結出來，形成了自覺的觀念。比如〈睽卦・象〉說：「萬物睽而其事類。」〔註48〕〈乾卦・文言〉說萬物：「各從其類」〔註49〕；〈繫辭傳〉說：「方以類聚，物以群分，吉凶生矣。」〔註50〕〈易傳〉認爲，「類」是事物之所以可以相互溝通的臍帶，一個事物與

〔註47〕同第一章註2，頁334。
〔註48〕同第一章註2，頁189。
〔註49〕同第一章註2，頁20。
〔註50〕同第一章註2，頁303。

另一個事物本來是相互區別的，所以從事物的名稱到事物的性質都各守其界，不得逾越；但從同類的角度來看，一個事物與另一個事物又相互溝通，可以逾越，由此可以由一個事物旁及另一個事物，推斷另一個事物。

〈說卦傳〉也以這樣的觀念解釋《易經》中的八卦卦象和卦名。它以八卦代表自然界中八大類事物的類屬性，如〈乾卦〉的性質為剛健，其包括的物象有天、君、父、馬、首、圓等，坤的性質為柔順，其包括的物象有地、母、牛、布、釜、車等。根據八卦各自的類屬性，將一事物的發展變化情況及吉凶禍福結局推衍到同類的其他事物身上。

易學史上的義理學派特別注重「類」的觀念，將它作為《周易》推測事物的邏輯依據。魏晉時期的易學家王弼在《周易略例‧明象》中曾說：「是故觸類可為其象，合義可為其徵。義苟在健，何必馬乎？類苟在順，何必牛乎？〔註51〕」其意是說，《周易》中的卦象如乾、坤等，都具有一定的內涵，其內涵是一類事物的共同屬性，也是《周易》之象用以表達的蘊義。設象是為了表達其蘊義，只要能揭示其中「類」的屬性，揭示卦象的內涵，則不必局限在卦象。《周易》已經顯示出以類屬性為事物之義理。

《易經》用以算卦的方法以含有類推的思維形式，因為用《易經》算卦離不開用卦辭和爻辭記述的事情去推測未來事吉凶的過程。這便是類推的過程。〈易傳〉認為《易經》用蓍草算卦，是依據以往驗證之事來推斷所問未來之事。以往驗證之事所以能作為依據去推斷未來求問之事，那是因為《周易》編著者認為，它們是同類事物。同類事物異中有同，所以可以從一個事物的類屬性推出另一個事物的類屬性。朱熹將這種方法稱之為「推類旁通」。《朱子語類》卷七十五記載他的話說：「一卦之中，凡爻卦所載，聖人所已言者，皆具已見的道理，便是藏往；占得此卦，因此道理以推未來之事，便是知來。〔註52〕」類推的思維方式是建立在分類基礎上的初步的理性思維方式，也是一種更深入對事物認知的方法。

〈易傳〉對《易經》思維的形式化做了概括，點明了《易經》採用的思維形式化的媒介是「象」，並認為爻象和卦象及其相互關係是自然界和人類社會中事物發展變化普遍趨勢的一種抽象，它普遍適用於任何事物，而不局限於某一個具體事物的具體內容。分類、類推和思維形式化，在《周易》中是

〔註51〕王弼、韓康伯，《周易王韓注》（台北：大安出版社，1999 年），頁 262。
〔註52〕同註 1，頁 1911～1938。

結合在一起的，是其形式邏輯思維的三個不同的層次。

四、《周易》的辯證思維

　　《周易》可以說是中國最早蘊含辯證法思維的時期之著作，在殷末周初的社會變動時代，也將社會的狀況毫無保留的反應在《周易》中。所以，《周易》經傳中所顯現特有的變動、乖異與矛盾現象最爲明顯。《周易》所展現出來的辯證思維形式也最有系統，最爲豐富。辯證思維是一套建立在客觀的思維中，對事物的反映、聯繫與發展的觀點，這也是辯證思維的基本觀點。辯證思維模式對於問題與事物的觀察往往具有動態的變異性、聯繫發展性與相對對待性。《周易》是中國最早建立對待統一思想的矛盾辯證思想的萌芽代表。

　　前文提過，「易」就是變的意思。《易經》透過陰「--」與陽「一」的符號作爲變化的基礎，透過卦象與爻象的變化，將卦象與爻象從自然現象與人事作了聯繫與發展，再透過卦辭與爻辭表達了自然現象的變化。在《周易》中，卦象是可以透過爻象的變化來實現變化的，一卦的卦象可以變爲另一卦的卦象。然而，八卦卦象雖然各自有所象徵，但仍然能透過爻象的變化相互聯繫，這種聯繫通過爻的變化來實現，從而反映出人事及自然界事物的變化和關聯。這些情形在〈易傳〉中亦有提到：

　　在天成象，在地成形，變化見矣。是故剛柔相摩，八卦相盪。鼓之以雷霆，潤之以風雨。日月運行，一寒一暑。乾道成男，坤道成女。〔註53〕

　　　　變化者，進退之象也。剛柔者，晝夜之象也。六爻之動，三極之道也。是故君子所居而安者，易之序也。所樂而玩者，爻之辭也。是故君子居則觀其象而玩其辭，動則觀其變而玩其占。是以自天祐之，吉无不利。〔註54〕

　　　　夫乾，其靜也專，其動也直，是以大生焉。夫坤，其靜也翕，其動也闢，是以廣生焉。廣大配天地，變通配四時，陰陽之義配日月，易簡之善配至德。〔註55〕

　　　　參伍以變，錯綜其數。通其變，遂成天地之文；極其數，遂定天下之象。非天下之至變，其孰能與于此？〔註56〕

〔註53〕同第一章註2，頁303。
〔註54〕同第一章註2，頁308～310。
〔註55〕同第一章註2，頁321。
〔註56〕同第一章註2，頁333～334。

天地變化，聖人效之。〔註57〕

易窮則變，變則通，通則久。〔註58〕

在這裡，〈易傳〉所表達的有一些意義。首先，〈易傳〉藉《易經》卦爻的變化，來闡述表達世界事物的變化。不論是天地的變遷，日月的運行，寒暑的往來，六爻的變動等，都是處於不斷的運動中。其次，自然界的變動形式，除了「靜」還有「動」。靜與動之間又不斷的變化，構成一種不斷運動的連續狀態。其三是，自然不僅有變，而且還有通，如〈繫辭傳〉所云：「是故闔尸謂之坤。闢尸謂之乾。一闔一闢謂之變，往來不窮謂之通。〔註59〕」所謂「變」和「通」，即是說明變化的連續性與發展性。

辯證思維運用了對立統一、發展變化、普遍聯繫不同的方法來看待世界的事物，藉此反映客觀世界的情況，在人類的思維方式中是屬於思維方式的高度發展。透過辯證思維與邏輯思維的相輔相成，辯證思維不是外在形式的學說，它研究概念的矛盾和轉化，是作爲現實的矛盾運動在思維運動中的反映形態。由深刻的觀察、分析，深入的思考，而發現事物現象的統一性。把對立的雙方在一定的條件下統一起來，就是創新。與其他的思維形式構成人類理性思維的高級形式。邏輯思維從靜態的角度分析個體事物間的差異及內在結構，了解事物的穩定性；再透過辯證思維從動態的角度統觀事物之間所存在的影響和聯繫，藉以了解事物的變動性。《易經》除了作爲占筮的典籍，在思維發展的過程中逐漸形成了一套系統的辯證思維形式。

第三節　《周易》的時與位

一、《周易》的時觀

《周易》對於時的概念，主要探討的本質在於《周易》的「變易性」。除了強調「時」的「變動」的特性之外，更探究在「變動」中的「生生、剛健、不息」之義。其形式即先後遞承，連綿不絕。如〈繫辭傳〉云：「天地之大德曰生。〔註60〕」〈乾・象傳〉云：「天行健，君子以自強不息。〔註61〕」《周易》

〔註57〕同第一章註2，頁341。
〔註58〕同第一章註2，頁353。
〔註59〕同第一章註2，頁339。
〔註60〕同第一章註2，頁349。

獲得「時間」的觀念主要是基於「觀天文」、「察四時」的方法。從生活中去觀察自然的變化，進而演繹出「四時運轉」與「日月輪替」的時間觀，建立起最初的「流動時序觀」。其特徵一方面對「時間」而言，具有「盈虛消長」與「流動變化」的概念，說明時間「變易性」的特質。另一方面又建立時間消長流變的輪替流程與自然順序，說明時間的「不易性」。所以〈觀卦・象傳〉云：「觀天之神道，而四時不忒。」〔註62〕〈賁卦・象傳〉云：「觀乎天文，以察時變。〔註63〕」正是說明時間上的「變易性」與「不易性」。《周易》中其他有關於說明時間的變易性的還有如下：

〈繫辭傳〉上傳第六章云：「變通配四時。」〔註64〕

〈繫辭傳〉上傳十一章云：「變通莫大乎四時。」〔註65〕

〈恆卦・象傳〉云：「四時變化而能久成。」〔註66〕

〈豐卦・象傳〉及〈乾卦・文言傳〉云：「日中則昃，月盈則食，天地盈虛，與時消息。」〔註67〕

說明時間「不易性」的則還有：

〈豫卦・象傳〉云：「天地以順動，故日月不過，而四時不忒。」〔註68〕

〈節卦・象傳〉云：「天地節，而四時成。」〔註69〕

《周易》中言「時」，除了是對時間的知解外，也在討論對時間的應用。根據黃慶萱〈周易時觀初探〉一文的研究：

「《周易》言「時」凡六十次。歸納其內容，於時間之知解，主由『觀天』，『察時』，而『明時』；於時間之運用，主由『待時』『與時偕行』而『趣時』，以「不失時」爲最低限度。」〔註70〕

〔註61〕同第一章註2，頁11。

〔註62〕同第一章註2，頁115。

〔註63〕同第一章註2，頁124。

〔註64〕同第一章註2，頁321。

〔註65〕同第一章註2，頁340。

〔註66〕同第一章註2，頁169。

〔註67〕同第一章註2，頁263。

〔註68〕同第一章註2，頁99。

〔註69〕同第一章註2，頁282。

〔註70〕黃慶萱，〈周易時觀初探〉，臺北：師大國文研究所，《中國學術年刊》第10期。黃慶萱，《周易縱橫談》（台北：東大圖書公司，2008年）

　　《周易》的哲理是在動態中去考察天地之道及其秩序，故〈繫辭傳〉曰：「《易》與天地準，故能彌綸天地之道。〔註71〕」《周易》哲學之立論，是在時間歷程中去實現人的價值。《周易》將一切事物，舉凡自然之生命、個人之發展、社會之演變、價值之體現，投注於時間軌跡之中而呈現其真實存在。所以，《周易》對於「時」的概念，不是僅為年、月、日等計量單位。而是討論到對於人與歷史的存在性，這也是《周易》闡述人的本源性存在方式。將時間和歷史觀念，引入對人、對存在的理解，這是《周易》哲學對「時」的深切含義。對於「時」強調「時止則止，時行則行，動靜不失其時，其道光明」。如〈艮‧象傳〉云：「時止則止，時行則行。〔註72〕」是掌握勢；「動靜不失其時」〔註73〕是掌握時。林麗真就據此認為：《周易》的時間觀念，可說是一種「變中有常，常中有變」的流動規律，它至少涵具四大特徵：（1）變動不居，（2）生生不息，（3）終始反復，（4）有則有序。〔註74〕

　　故《周易》對時的主張是「與時偕行，為變所適」。〈繫辭傳〉云：「易，窮則變，變則通，通則久。〔註75〕」是《易》運行的模式。〈易傳〉認為，民眾的利益和要求永遠與天道運行的方向相一致。〈革‧彖〉說：「順乎天而應乎人。」〔註76〕就是要順時而動。〈豫‧彖〉曰：

　　　豫順以動，故天地如之，而況建侯行師乎？天地以順動，故日月不過，

　　　而四時不忒。聖人以順動，則刑罰清而民服。豫之時義大矣哉！〔註77〕

其中，「順以動」就是順其自然演進而行動，因循時勢之趨向而變化。天地生物如此，人事動靜亦應如是。所以〈豐‧彖〉又曰：

　　　日中則昃，月盈則食；天地盈虛，與時消息，而況于人乎？況于鬼

　　　神乎？〔註78〕

天地萬物，人事鬼神，都隨著時間的推移而相應變化，應時義而變，順自然而動。故在六十四卦中，凡遇到「吉」、「亨」的情境，〈易傳〉幾乎都以順時加以解釋，如：

〔註71〕同第一章註2，頁312。
〔註72〕同第一章註2，頁250。
〔註73〕同第一章註2，頁250。
〔註74〕林麗真，《義理易學鉤玄》（台北：大安出版社，2004年），頁8。
〔註75〕同第一章註2，頁353。
〔註76〕同第一章註2，頁238。
〔註77〕同第一章註2，頁99。
〔註78〕同第一章註2，頁263～264。

〈蒙・彖〉曰：「蒙，亨，以亨行，時中也。」〔註79〕

〈大有・彖〉曰：「其德剛健而文明，應乎天而時行，是以元亨。」
〔註80〕

〈隨・彖〉曰：「動而說，隨。大亨貞无咎，而天下隨時。隨時之義
大矣哉！」〔註81〕

〈臨・彖〉曰：「說而順，剛中而應。大亨以正，天之道也。」〔註82〕

〈遯・彖〉曰：「遯亨，遯而亨也。剛當位而應，與時行也。」〔註83〕

〈損・彖〉曰：「損而有孚，元吉，无咎可貞，利有攸往。曷之用？
二簋可用亨。二簋應有時，損剛益柔有時，損益盈虛，與時偕行。」
〔註84〕

〈益・彖〉曰：「益，損上益下，民說无疆。自上下下，其道大光。……
益動而巽，日進无疆。天施地生，其益无方。凡益之道，與時偕行。」
〔註85〕

所以「應天隨時」，或「與時偕行」，不僅是獲得大吉的基本條件。人也應當
自覺于天時之中，依天時而作，順天時而去來。

二、《周易》的位觀

《周易》之「位」義，不離人、事、物的考慮，卦、爻的結構既是象徵
天地之道的圖象，也是象徵人道的圖象。戴璉璋先生認為〈易傳〉各篇的義
理思想更是透過卦、爻象位來說明的。他指出：〈彖〉、〈象〉兩傳據此而談乾
坤之道；〈文言〉、〈繫辭〉兩傳，據此而談易道體用；〈說卦傳〉據此而談天、
地與人之道；〈序卦傳〉據此而談事物相繼衍生與逆轉變化之道；〈雜卦傳〉
據此而談事物同類相從、異類相應之道。〈彖〉、〈象〉、〈文言〉、〈繫辭〉與〈說
卦〉五傳，以此為基礎，又有一些不同的發展〔註86〕。而探討「位」的生成，

〔註79〕同第一章註2，頁45。
〔註80〕同第一章註2，頁91。
〔註81〕同第一章註2，頁104。
〔註82〕同第一章註2，頁111。
〔註83〕同第一章註2，頁339。
〔註84〕同第一章註2，頁201～202。
〔註85〕同第一章註2，頁206。
〔註86〕同第一章註7。

則必須先明白「時」與「位」的關係。〈乾・彖傳〉云：

> 大哉乾元！萬物資始，乃統天。雲行雨施，品物流行，大明終始，
> 六位時成，時乘六龍，以御天。乾道變化，各正性命。保合太和，
> 乃利貞。首出庶物，萬國咸寧。〔註87〕

〈說卦傳〉又云：

> 昔者聖人之作易也，將以順性命之理。是以立天之道曰陰與陽，立
> 地之道曰柔與剛，立人之道曰仁與義。兼三才而兩之，故易六畫而
> 成卦，分陰分陽，迭用柔剛，故易六位而成章。〔註88〕

由此話觀之，《周易》之「位」是以「時」來開展的。六十四卦代表六十四種
時段或時間下的情況，每一卦的六個爻位，則表示在此時間軸上所代表的處
所或場景。換言之，由「初、二、三、四、五、上」依序排列起來的六個爻
位關係，每一爻與爻之間的聯繫與活動，即預示了在該時間狀況下的變化意
義或其發展的象徵。在《周易》的系統中，「位」與「時」的關係是密切相聯
的。「時」需依「位」以顯其義，「位」亦需依「時」而有所成。

在〈易傳〉中，「位」其實也可以說是一種廣義的象。象位，是〈易傳〉
著述者解說卦爻的依據，也是他們申論義理的憑藉。爻象是象徵事物的性質，
爻位則代表事物的處境或際遇。兩者配合就可以說明事物在變動中的種種情
況。所以〈繫辭傳〉說：

> 是故易者，象也。象也者，像也。象者，材也。爻也者，效天下之
> 動者也。是故吉凶生而悔吝著也。〔註89〕

〈象傳〉的作者透過四十三種詞語〔註90〕，描寫事物在主客觀條件互相配合的
情況下，「時」、「位」的變動對人事結果所造成的變異，藉以幫助人們了解吉

〔註87〕同第一章註2，頁8。
〔註88〕同第一章註2，頁383～384。
〔註89〕同第一章註2，頁356。
〔註90〕同第一章註7，頁71～91。

> 上中下位：本、末、中、得中、中正、正中、剛中、剛中正、大中、尊位、
> 　　　　　天位、帝位、不中。
> 剛柔位：得位、失位、正位、當位、位當、不當位、位不當、過
> 同　　位：應、相與、敵應、不相與
> 反轉位：來、反、下下、往、上、上行、進
> 比鄰位：長、柔乘剛、柔順剛、上同、剛決柔、柔變剛、柔遇剛。上下應、
> 　　　　　志行、正其志。
> 內外位：內外

凶悔吝產生的原因。探討《周易》的位觀，必須從卦位與爻位入手，黃慶萱
先生在〈周易位觀初探〉一文中提到：

> 卦位方面，簡單說明了八卦的各種序位和方位，六十四卦的各種序位、
> 方位，以及相對之位、相重之位。爻位方面，則簡單說明了六爻分陰分陽，
> 迭用剛柔，於是有得位，有失位。並進一步分析了上、中、下位，天、地、
> 人位的爻位結構，和比鄰、敵應的爻位關係，以及卦爻之間的來往關係。最
> 後指出《周易》所說的「當位」、「得中」，是盡己之性；所說「比」、「應」，
> 是盡人之性；「周流六虛」，是參贊天地化育。如此順性命之理，以至於上達
> 生生不息的天命。在《周易》多重的、對應的、動態的、含有豐富信息的，
> 能作無限延伸的整體秩序中，人，必須各盡本分，進退得宜，注重人倫，仁
> 民愛物，多方配合自然，參贊化育。以為生命的理想、尊嚴、價值，都由此
> 開發、挺立而彰顯〔註91〕。

據黃慶萱先生所述，探討《周易》位觀所要闡述的義理，就必須從爻位
的位觀討論，透過從觀察與探討爻象所具有的象徵意義以後，再配合它們在
卦中的位置，即所謂「爻位」，就可形成種種的觀點，引申出種種的說法，作
為詮釋《周易》經文的依據。在占筮的活動中，爻位的變換會導致卦的改變，
也會跟著影響吉凶的斷占；此外，爻位的升降也象徵事物的發展情況。爻位
不是在一個固定不變的定點位置，而是一個不斷發展與改變的關係。在每一
個變化過程中的爻位，正代表著事物發展的每一個階段；所以，每一個爻位，
都有其象徵的特性，一個爻位與其他相關的爻位也有某些關聯，這是在〈象
傳〉中所見到的爻位觀念。〈象傳〉的作者藉由透過「得位」、「失位」、「得中」、
「不中」、「中正」的詞語，把卦爻的觀念與剛柔的關係及人事間的得失與表
現，交互出不同的象徵意義。也就是說，如果將卦、爻的概念落實在具體事
物的體現上，則卦、爻所處的卦位或爻位就表示事物所處的情境；而卦爻所
表現的剛柔性質，就是象徵事物所表徵之剛健或柔順的德性。剛爻或柔爻在
六位中的經歷，彰顯出卦爻的體性；而剛健和柔順的德性在不同的情境中被
表徵出來，也同時彰顯出事物的體性。所以透過卦爻所代表的剛柔，不僅是
對事物的表徵，同時也是決定事物內在體性的根據。

由《周易》對爻位之上下得失的論述觀之，《周易》的「位」觀中另外包
融有變動的發展觀。《周易》的爻位從初爻開始，以二居下卦之中，並認為其

〔註91〕黃慶萱，《周易縱橫談》（台北：東大圖書公司，2008年），頁143。

位居中大多代表吉祥，以三、四居於內外卦之間，帶有疑懼的體性，多為凶兆，又以五為上卦之中，稱讚其為居尊處貴之位，以上為爻位的第六位，表示登峰造極之勢，認為其已臨屆「物極必反」之境。〈易傳〉的思想，又可以說是奠基在「居中」與「物極必反」兩大觀點上。「居中」言其常，「物極必反」言其變。但不離「常中有變，變中有常」的基本原則。這也是《周易》透過觀察自然現象對應在人、事、物上所要表徵的基本內涵。因此，除了明辨爻位「上、中、下」與「初、中、終」之義外，將「當不當位」與「居中處正」視為《周易》所要表達的重要義理。所謂「當位」，係指陽爻（—）居初、三、五位，陰爻（--）居二、四、上位，亦可稱作「得位」、「正位」或「位正當」；反之，若陽爻（—）居二、四、上位，陰爻（--）居一、三、五位，則稱之為「不當位」或「位不當」，亦可稱作「失位」、「非其位」或「未得位」等。當位之爻，其爻辭多為貞吉；不當位之爻，其爻辭多為凶咎。凡陽爻居五，或陰爻居二，是既「居中」又為「當位」，則稱之為「中正」、「正中」或「中直」，其爻辭大多皆吉。據此，《周易》大多藉「中正」或「當不當位」諸辭以判定爻位的價值，並據之以申論其義理內涵。

三、《周易》中的天、地、人

天、地、人在《周易》中是三個重要概念，《周易》的一切思維或是哲學觀幾乎都是以這三個概念為核心，在中國的傳統思想與哲學思維中，解決人對天、地與自然界的相應關係，是一項非常重要的課題。透過人的主體，探討天人之間的相處之道，順乎天而應乎人，藉由對天的觀察，進而推演至為人處事與進德修業之道，並藉之以「明天人之際，通古今之變」，從天地與人的交感中，體察對自我的認知與實踐。因此，透過這樣的一個議題，《周易》雖然講天、說地兼論人事，其實大部分的內容是在說明人的問題，人既是討論的主體，也是認識的對象。

《周易》談天、說地論陰陽，所以就無法脫離天、地、人這三個概念及他們之間的相互關係。〈說卦傳〉曰：「是以立天之道曰陰與陽，立地之道曰柔與剛，立人之道曰仁與義。兼三才而兩之，故易六畫而成卦。分陰分陽，故易六位而成章。〔註92〕」三個概念中，天的含義最為複雜。《周易》的天是自然的天，不含有絲毫神意的宗教崇拜在內，這也是《周易》天的概念最主要、

〔註92〕同第一章註2，頁383～384。

基本的含義。如〈繫辭傳〉云:「祐者助也。天之所助者順也,人之所助者信
也。履信思乎順,又以尚賢也,是以自天祐之,吉无不利。〔註93〕」這個能助
人的天,的確具有人格化的意向,其實這一點也不意外,在《論語》中也有
如下提到:

〈雍也〉夫子矢之曰:「予所否者,天厭之!天厭之!〔註94〕」

〈八佾〉子曰:「獲罪於天、無所禱也。」〔註95〕

〈述而〉子曰:「天生德於予,桓魋其如予何!」〔註96〕

〈子罕〉子曰:「吾誰欺,欺天乎?」〔註97〕

〈先進〉子曰:「噫!天喪予!天喪予!」〔註98〕

據此可知,《論語》中孔子所說之天,完全係一有意志的上帝,一個「主宰之
天」。具有人格化的傾向,這是在哲學發展過程中一個非常大的躍進。

　　《周易》的天是自然的天,是自然界運動的法則或規律,是宇宙力量。
然而,以天喻人事,就走向哲學了。如〈泰‧彖〉曰:「泰,小往大來、吉,
亨。則是天地交而萬物通也;上下交而其志同也;內陽而外陰,內健而外順,
內君子而外小人,君子道長,小人道消也。〔註99〕」又〈泰‧象〉曰:「天地交,
泰。後以財成天地之道,輔相天地之宜,以左右民。〔註100〕」泰䷊的卦象是天
地之交。財,裁也。以天地變化的規律,制訂政令,輔助天地之所賞,使民
從事活動,有所依據。例如在生產勞動上,因生活在田野而從事農耕,因靠
近山居所以從事打獵,因為靠近水邊而從事漁獵生活,因四時變化而依時耕
耘。〈繫辭傳〉有云:「易與天地準,故能彌綸天地之道。仰以觀於天文,俯
以察于地理,是故知幽明之故。〔註101〕」《周易》藉由卦爻辭指導人們的行動,
透過仿效天地變化的規律,進而歸納出人事變化的規律。

　　《周易》中談論到「地」的部分其實不多,但是有一些義理需要說明。

〔註93〕同第一章註2,頁342。
〔註94〕楊伯峻,《論語譯注》(台北:華正書局,1997年),頁110。
〔註95〕同註88,頁47。
〔註96〕同註88,頁125。
〔註97〕同註88,頁156。
〔註98〕同註88,頁192。
〔註99〕同第一章註2,頁78。
〔註100〕同第一章註2,頁78。
〔註101〕同第一章註2,頁312～313。

天數、地數的「地」，抽象的意義代表陰陽的陰，奇偶的偶。八卦中取坤卦象地，具有代表「順」的性質；當八卦重為六十四卦的坤卦，和六十四卦的乾卦象天互相對應，六畫坤卦亦取象「地」，具有「至順」之義。在〈繫辭傳〉說「天尊地卑」、「崇效天，卑法地」，就地位說，「天尊在上；地卑在下」，卑下的地要順於尊上的天。〈繫辭傳〉說「在天成象，在地成形」，〈益‧象傳〉說「天施地生」，就功用說，「天」主動在先，成一個象，「地」被動在後，照著樣子成一個形。地自己並不主動做什麼，天做什麼，地也跟著做什麼，所以〈繫辭傳〉說：「效法之謂坤。」效法其實就是至順，所以〈文言傳〉說：「坤道其順乎！」說明六畫坤卦的「至順」性質。

　　與其說《周易》是在談論天地的概念，其實說它所要闡明的是天人之間的關係更為貼切。《周易》確定了天與人的區別，它重視天，更重視人，《周易》非常重視人在天地之間的地位關係。在《周易》中，人是主體。《周易》的所有思想都是以人作為出發點，並強調天與人的和諧關係；人除了是主體，也是客體，《周易》指導人們要藉由認識自我與天地的關係，進而認識自我與人我的扮演。所以，《周易》認為人與自然是絕對和諧一致的，自然規律與人事的規律是相通融的。人作為主體與天地自然的關係，主要是探討人如何做到與天地相適合而不相違背。因此，《周易》在天、地、人的關係中，主張人要盡可能實現及保持天與人之間的和諧關係，也就是儒家所揭示的仁義精神。是故〈說卦傳〉曰：

> 昔者聖人之作易也，將以順性命之理。是以立天之道曰陰與陽，立地之道曰柔與剛，立人之道曰仁與義。兼三才而兩之，故易六畫而成卦，分陰分陽，迭用柔剛，故易六位而成章。〔註102〕

〈繫辭傳〉又云：

> 子曰：「易其至矣乎？夫易，聖人所以崇德而廣業也。知崇禮卑，崇效天，卑法地。天地設位，而易行乎其中矣。成性存存，道義之門。」
> 〔註103〕

可見，即使是孔子也認為《周易》是藉由天地之道進而推演至「進德修業的」人倫之道。也說明孔子認為《易》是以天道來了解人道而已。

〔註102〕同第一章註2，頁383～384。
〔註103〕同第一章註2，頁321～322。

第四章 《周易》的中和之德

第一節 《周易》對「中」的論述

一、《周易》用「中」以守常道

在《尚書‧大禹謨》曰：「帝曰：『來，禹！降水儆予，成允成功，惟汝賢。克勤於邦，克儉於家，不自滿假，惟汝賢。汝惟不矜，天下莫與汝爭能。汝惟不伐，天下莫與汝爭功。予懋乃德，嘉乃丕績，天之歷數在汝躬，汝終陟元後。人心惟危，道心惟微，惟精惟一，允執厥中。無稽之言勿聽，弗詢之謀勿庸。可愛非君？可畏非民？眾非元後，何戴？後非眾，罔與守邦？欽哉！慎乃有位，敬修其可願，四海困窮，天祿永終。惟口出好興戎，朕言不再。』」〔註1〕《論語》中亦曾記載帝堯對帝舜說：「堯曰：『咨！爾舜！天之歷數在爾躬，允執其中！四海困窮，天祿永終。』〔註2〕」是最早對於「中」思想的表述，也間接證實在中國，「中」的思想很早之前就已經萌芽。在《周易》，「中」或「中道」也一直被置于最高、最重要的論述位置，《周易》的經文只有〈師卦‧九二〉：「在師中，吉，無咎，王三錫命。〔註3〕」〈泰卦‧九二〉：「包荒，用馮河，不遐遺，朋亡。得尚于中行。〔註4〕」〈夬卦‧九五〉：「莧陸夬夬，

〔註1〕〔漢〕孔安國傳，《尚書正義‧夏虞商書》（台北：台灣古籍出版社，2002年）。

〔註2〕〔宋〕朱熹，《四書集注‧論語集注》卷十（台北：世界書局，1990年），頁83。

〔註3〕同第一章註2，頁62。

〔註4〕同第一章註2，頁78。

中行无咎。〔註5〕」三卦的爻辭談論到「中」，其餘大多在〈易傳〉中有所論述。

如前文所述，觀察《周易》的卦畫，第二爻為內卦之中，第五爻為外卦之中，此兩爻為易卦爻位的「中」。從〈彖傳〉和〈象傳〉也可歸納出一些原則，例如：凡九五或九二爻者，言「剛中」、「剛得中」，辭義多屬吉。凡六二或六五爻者，言「柔中」、「柔得中」，多象徵小事吉。若九五為陽爻，六二爻為陰爻者，不僅合乎「中」，且合乎「當位」之說，因此特稱為「中正」〔註6〕。例如：

〈同人·彖傳〉曰：「文明以健，中正而應，君子正也。」〔註7〕

〈離·彖傳〉曰：「柔麗乎中正，故亨。」〔註8〕

〈巽·彖傳〉曰：「剛巽乎中正而志行。」〔註9〕

《正義》曰：

「中正而應」，謂六二、九五，皆居中得正，而又相應，是君子之正道也，故云「君子正」也。若以威武而為健，邪僻而相應，則非君子之正也。〔註10〕

中正又稱為正中、中直。不論言之為「中」，或言之為「正」，皆表示「善」或者「吉」。而言「中」之善，猶勝於言「正」，因為《周易》的卦畫之二、五爻各居於內、外卦之中處，其卦、爻辭言吉者多。但如前文所述，探討爻位上的吉凶而言，必須考慮「時」與「位」的密切關係，「時」、「位」的變動對人事結果所造成的變異，更能幫助人們了解吉凶悔吝產生的原因。也就是說，「中」是指人的行事能整體考慮「時」與「位」的條件，善用「應」、「承」、「比」、「乘」等關係而得到圓滿及融洽的結果，簡言之，合乎「時」宜者，謂之「中」，亦即「常道」。

《周易》對「中」的理解，與儒家其實是一致的。天道即中道，之所以稱為「中」，是因為天道運行具有精準守信、不過不忒的特徵；此外，人應當準確如實且恰如其分地把握與實行天道，因為遵循天道，就是奉行中道。這也可以從《周易》的「時中」概念中得到證明，清·惠棟就曾經說：「《易》

〔註5〕同第一章註2，頁214。
〔註6〕曾春海，《易經的哲學原理》（台北：文津出版社，2003年），頁98。
〔註7〕同第一章註2，頁86。
〔註8〕同第一章註2，頁158。
〔註9〕同第一章註2，頁272。
〔註10〕同第一章註2，頁86。

道深矣，一言以蔽之曰：時中。〔註11〕他對「時中」的看法如下：

其時中之義歟！愚謂孔子晚而好《易》，讀之韋編三絕，而爲之〈傳〉，
蓋深有味于六十四卦、三百八十四爻時中之義，故于〈彖〉、〈象〉
二傳言之，重詞之複。子思作《中庸》述孔子之意，而曰：「君子而
時中。」孟子亦曰：「孔子聖之時。」夫執中之訓，肇于中天；時中
之義，明于孔子，乃堯、舜以來相傳之心法也。據《論語》堯曰章。
其在〈豐・彖〉曰：「天地盈虛，與時消息。」在〈剝〉曰：「君子
尚消息盈虛，天行也。」〈文言〉曰：「知進退存亡而不失其正者，
其惟聖人乎!」皆時中之義也。知時中之義，其于《易》也，思過半
矣。〔註12〕

在〈易傳〉，「時」與「道」有同等重要意義，是相通的概念，在一定的意義
上，「時」或可以代表「天道」。「時中」僅是要強調天道隨時間的推移所展現
的變化。而人如果希望能夠做到「允執其中」，即把握天道，也就必須依順隨
時間而相應變化。所以說，「中」即是「天道」，「時中」是處于永恒變動中的
天道。

《易經》的哲學是在探討人的安身立命之問題，研究如何由天道以立人
道。因此，「時中」的問題從觀察自然的變化現象，轉變爲探究人在變化無常
的生命歷程中，如何本著天人合一的性命價值，謀求安身立命的存在意義。《易
經》在探索天道的過程中，更將人性存在的深層內涵發揮出來。所以，儒家
所揭示的「仁」、「義」，乃是透過「天」與「人」之關係所應承天命之「性」
的內涵。「時中」在人道的實現與拓展部分，當依循天地變化的自然法則作爲
實踐原則。此自然法則就是《易經》對自然界之天、地、人的活動關係中觀
察所得的結果，即〈繫辭傳〉所云：

易與天地準，故能彌綸天地之道，仰以觀于天文，俯以察于地理，
是故知幽明之故。原始反終，故知死生之說。精氣爲物，遊魂爲變，
是故知鬼神之情狀。與天地相似，故不違。〔註13〕

自然法則是自然界中較爲理性與守常的規則。故能兼守仁義道德之常與自然

〔註11〕〔清〕惠棟，《周易述附易漢學 易例》，〈卷七 荀慈明易・易尚時中說〉（北
　　　　京：中華書局，2007 年），頁 624。
〔註12〕同註 4，頁 626。
〔註13〕同第一章註 2，頁 312～314。

法則之常；換言之，對《易經》而言，人們當如何因時治變，應變而不失其常道，就是《周易》所要傳達的「時中」之義。因此，《周易》彖辭中亦有對「時中」的人道實踐提出說明，如：

> 〈革卦・彖〉曰：「天地革而四時成，湯武革命，順乎天而應乎人，革之時大矣哉！」〔註14〕

> 〈兌卦・彖〉曰：「剛中而柔外，說以利貞，是以順乎天而應乎人。」〔註15〕

以世事變化而言，人如果在不同的境遇中都能做到「順乎天而應乎人」，由常而制變，由變而貞常。處事能權衡時變，以符合常理常道。易言之，如果能夠實行天道，也就是恪守了中道，而天道就是宇宙萬事萬物自然而規律地運行之道，人們如果能按照事物本身自然的實際情況和規律而做出正確的決策與行動，隨時之變而應用於所有的人、事、物上，以期達到和諧而圓滿的境界，亦即符合聖人所提倡的「仁義之道」。

二、《周易》的「中正」概念

前文提過，為了準確地理解《周易》的「中」，還必須把握「正」，也就是「時位」的含義。中與正常常連在一起，〈乾・文言〉曰：

> 大哉乾乎，「剛健中正」，純粹精也！「六爻發揮」，旁通情也。「時乘六龍」，以御天也。「雲行雨施」，天下平也。〔註16〕

孔穎達於《周易正義》上曰：「剛健中正謂純陽剛健，其性剛強，其行勁健。『中』謂二與五也，『正』謂五與二也，故謂剛健中正。〔註17〕」朱熹於《周易本義》上亦注曰：「剛以體言，健兼用言。中者，其行無過不及；正者，其立不偏。四者乾之德也。〔註18〕」所謂「四者」，指剛、健、中、正。朱熹認為，此「四者」為整個天道的本性。「正」意指天道本身具有正的品性，同時也指示人的言行必須盡量符合天道，這樣的意涵，正呼應前文《周易》對於「中」的論述。在〈易傳〉中，對於「正」的道德含義，更有許多包含在人道各方面應如何契合於天道的論述，例如：

〔註14〕同第一章註2，頁237～238。
〔註15〕同第一章註2，頁275。
〔註16〕同第一章註2，頁25。
〔註17〕同第一章註2，頁25。
〔註18〕同第二章註43，頁37。

〈明夷・象〉：「『利艱貞』，晦其明也。內難而能正其志，箕子以之。」
〔註19〕

〈家人・象〉：「女正位乎內，男正位乎外。男女正，天地之大義也。
家人有嚴君焉，父母之謂也。父父、子子、兄兄、弟弟、夫夫、婦
婦而家道正，正家而天下定矣。」〔註20〕

〈乾・文言〉：「其唯聖人乎，知進退存亡，而不失其正者，其唯聖
人乎！」〔註21〕

〈臨・象〉：「臨，剛浸而長，說而順，剛中而應。大亨以正，天之
道也。」〔註22〕

〈頤・象〉：「頤『貞吉』，養正則吉也。」〔註23〕

在〈明夷・象〉中，藉由箕子之艱守正德，韜晦待時，闡示人們做人應合乎
天道。又藉〈家人・象〉的內容，說明如何透過家庭之倫理而與天道相合。
而〈乾・文言〉則說明了聖人能做到進退存亡而不失道的原則，藉以闡明聖
人揭示仁義之道，以達天道的用心。也就是說，「正」道即天道，那麼「正」
道也就是「中」道。天之「正」，意指天道運行有一定的常規而信守不離，人
之「正」，則指人與天道相合而持恒不偏；換句話說，天之「正」就是天之「中」，
人之「正」也就是人之「中」。亦即「中」即「正」，「正」即「中」。「守中」、
「持正」，即是「合乎天道」。

前文從《周易》的「時」、「位」和六十四卦象探討六爻的「中」與「正」，
與義理上所講的「中」和「正」，雖然有一定的關聯性，但是我們無法以象數
的六爻卦畫來完全等同義理上「中」與「正」的內涵。所以，在哲學概念上，
「中」與「正」的實質都是指天道誠信和與天道的相符合。「中」可以解釋為
「恰如其分，無過與不及」，「正」則可以解釋為「正確而不偏離」。〈易傳〉
的作者與儒家則強調，「把握事物，並且在處置事物的歷程上，既正確又精準，
就能取得成功和理想的效果。」便是「中」與「正」的義理內涵。因此，《周
易》常常將「中」與「正」結合聯用，「中」為「正之中」，「正」為「中之正」。

〔註19〕同第一章註2，頁181。
〔註20〕同第一章註2，頁185。
〔註21〕同第一章註2，頁28。
〔註22〕同第一章註2，頁111。
〔註23〕同第一章註2，頁144。

是以〈觀‧彖〉曰：「大觀在上，順而巽，中正以觀天下，觀。『盥而不薦，有孚顒若』，下觀而化也。觀天之神道，而四時不忒。聖人以神道設教，而天下服矣。〔註24〕」所言亦符合中正之義。

三、《周易》與儒家的中庸思想

孔子視「中」為最高之德，《論語‧雍也》云：「中庸之為德也，其至矣乎！民鮮久矣。〔註25〕」那麼「中庸」二字到底是什麼意思？《中庸》曰：「舜其大知也與！舜好問而好察邇言，隱惡而揚善，執其兩端，用其中于民，其斯以為舜乎！〔註26〕」這段話不僅是「允執其中」最好的疏解，更是對「中庸之為德」的最好說明。全文的大義是：舜的大智慧在于不剛愎自用，而善于向別人討教，體察周圍之人的意見。不善之言則隱匿，良善之言則發揚與採納。從文中可以認為，孔子對「兩端」的看法應該就是「過」與「不及」，對於「過」與「不及」的意涵，也如同於前文所論述《周易》的「中」與「正」。其中兩端是指「善之過」及「善之不及」。何以說是「善之過」與「善之不及」呢？因為，就人的行為來說，惟有善才有「過」與「不及」之分，因為不善的行為，在儒家所提倡的仁義之道中是被否定的，例如《論語‧先進》中有這樣一段對話：

> 子貢問：「師與商也孰賢？」子曰：「師也過，商也不及。」曰：「然
> 則師愈與？」子曰：「過猶不及。」〔註27〕

孔子很明顯地是在肯定師與商的前提下，來評斷「過」與「不及」之分的區別。前文曾經提到：「中」可以解釋為「恰如其分，無過與不及」，「正」則可以解釋為「正確而不偏離」。既然「中」與「正」都是在闡示「天道」，故可以推論說，《中庸》裡所提的「過」與「不及」兩端所衡量的準繩是「道」。因此，《中庸》第四章曰：

> 子曰：「道之不行也，我知之矣；知者過之，愚者不及也。道之不明
> 也，我知之矣；賢者過之，不肖者不及也。人莫不飲食也，鮮能知
> 味也。」〔註28〕

〔註24〕同第一章註2，頁114～115。

〔註25〕同第三章註98，頁117。

〔註26〕〔宋〕朱熹，《四書集注‧中庸章句第五章》（台北：世界書局，1990年），頁3。

〔註27〕〔宋〕朱熹，《四書集注‧論語集注》卷六（台北：世界書局，1990年），頁45。

〔註28〕〔宋〕朱熹，《四書集注‧中庸章句第四章》（台北：世界書局，1990年），頁4。

孔子認為，舜的智慧在于他發現了善的兩端，「過」和「不及」與「道」是完全相符合的，這也是舜所以會「用其中」的含意。就宇宙的自然規律來說，天道是恒常有信，無過亦無不及，故天道至「中」。既然是無過無不及之「中」，就是法則，亦即規律。故可以證明，惟有把「善」做到無過與不及，才能符合天道，這也就體現出《周易》所闡釋的「中」與「正」的關係。

在〈繫辭傳〉中，有多篇提到有關聖人藉由觀察天道，用以行之於人道的例子，例如：

> 子曰：「夫易其至矣乎？夫易，聖人所以崇德而廣業也。」〔註29〕

> 是故聖人以通天下之志，以定天下之業，以斷天下之疑。〔註30〕

> 聖人以此洗心，退藏于密。吉凶與民同患。〔註31〕

> 是以明于天之道，而察于民之故，是興神物以前民用。聖人以此齊戒，以神明其德夫。〔註32〕

> 是故天生神物，聖人則之。天地變化，聖人效之。天垂象，見吉凶，聖人象之。河出圖，洛出書，聖人則之。〔註33〕

由於聖人在觀察天地自然變化的過程中，發現自然的規律是天道「中」與「正」的表現，是推而及於人道的「仁義之道」。所以古之聖人或儒家皆認為，守乎「善」之中，無過與不及，即是行乎人道的「中」與「正」。所以在《中庸》第一章曰：「天命之謂性，率性之謂道，修道之謂教。〔註34〕」天命即是上天所賦予的意思，逆思而推之，上天能夠賦予，表示「天」原本就已經具有。所以，如果循著這個上天所原本具有的「性」去做，亦即推及行於人、事、物的人道上，並使之能普遍教化於人們的身上，如同於舜之大知，就是「道」的表現。依此觀之，《中庸》在論及善的「過」與「不及」兩端時，《中庸》的實質目的，在於如何使人的行為符合於天道，這也正是《周易》的中正思想。

《中庸》云：「唯天下至誠，為能盡其性；能盡其性，則能盡人之性；能

〔註29〕同第一章註2，頁321。
〔註30〕同第一章註2，頁337。
〔註31〕同第一章註2，頁338。
〔註32〕同第一章註2，頁339。
〔註33〕同第一章註2，頁341。
〔註34〕〔宋〕朱熹，《四書集注·中庸章句第一章》（台北：世界書局，1990年），頁1。

盡人之性，則能盡物之性；能盡物之性，則可以贊天地之化育；可以贊天地之化育，則可以與天地參矣。〔註35〕」楊祖漢認為：

> 中庸所說的性，是絕對普遍的，即是宇宙論意義的生化本體，形而上的天道。而不是孟子從道德心說的性。從道德心說的性，是一般說的心性意義的性，而《中庸》（包括〈易傳〉）所說的性，是作為一切存在的所以能存在的「創造性的真幾」，是天道，故此性是「性天」之性，是形而上之道、體、義。〔註36〕

所以朱子對此章的註說：「言天道也」〔註37〕，實際上本就是從人的體現天道之處所做的說明，儒家所談論的天道、性體，雖然皆是形而上的實體，但卻都是把握在道德的實踐上。唯有在道德實踐中，才見天道性體的真實意義。

由此可知，《中庸》所謂的天道，亦即是《周易》所說的乾坤之道。所以《中庸》又曰：「至誠之道，可以前知；國家將興，必有禎祥；國家將亡，必有妖孽；見乎蓍龜，動乎四體；禍福將至，善，必先知之，不善，必先知之；故至誠如神。〔註38〕」至誠者之明，無所不至，所以能通察天地與鬼神，因此〈繫辭傳〉曰：

> 易與天地準，故能彌綸天地之道。仰以觀于天文，俯以察于地理，是故知幽明之故。原始反終，故知死生之說。精氣為物，遊魂為變，是故知鬼神之情狀。〔註39〕

又曰：

> 知變化之道者，其知神之所為乎？易有聖人之道四焉：以言者尚其辭，以動者尚其變，以制器者尚其象，以卜筮者尚其占。〔註40〕

卜筮之事，不脫於迷信的範疇。但當其落於至誠者以知幾於天道，則占卜之道是一種追尋道德的表現，用以言明天地自然的現象與人事的相應關係，更彰顯人藉由道德規範與仁義之道可以追求與天道的契合。這不僅是《周易》所揭示的內在涵義，更是儒家與《中庸》的思想之源。《中庸》與《易傳》的思想內容原本就是相互溝通，相互滲透與融合。

〔註35〕同註27，頁11。
〔註36〕楊祖漢，《中庸義理疏解》（台北：鵝湖出版社，2002年），頁206。
〔註37〕同註27，頁12。
〔註38〕同註27，頁12。
〔註39〕同第一章註2，頁312～313。
〔註40〕同第一章註2，頁333。

第二節 《周易》有關「和」的思想體現

一、「和」是天道的本性

「和」是天道的本性之表現，這可以從〈乾‧彖〉中論述乾卦之德時，借用「大和」的概念，藉以窺視〈易傳〉作者對於「和」的思想展現。〈乾‧彖〉曰：

> 大哉乾元！萬物資始，乃統天。雲行雨施，品物流形，大明終始，
> 六位時成，時乘六龍以御天。
>
> 乾道變化，各正性命。保合大和，乃利貞。首出庶物，萬國咸寧。
> 〔註41〕

由《周易正義》的解釋，首段主要在解釋乾卦卦辭「元」、「亨」之德，後段解說「利」、「貞」之為用。如果從闡述天道的內容來看，首段大體是對天道閎偉形成過程的描述，後段則是深入揭示天道的內在本性和運行機制，而前後兩段都是指天道運行的成果。孔穎達對「保合大和，乃利貞。〔註42〕」二句的疏曰：

> 此二句釋「利貞」也。純陽剛暴，若无和順，則物不得利，又失其
> 正。以能保安合會大和之道，乃能利貞於萬物，言萬物得利而貞正
> 也。〔註43〕

〈彖傳〉的作者認為在天道發揮作用的過程，也就是天地在生養萬物的過程，即已經賦予萬物各所展現的本質。這個本質同時就決定了該物之品性和自然的演變程序。探究萬物的品性，則必須從「合」與「和」的關係來研究。所謂「合」，可以形容為萬物內部個別的組成部分之間，以及萬物不同的物類相互之間，表現出匯聚不分的現象。「和」則進一步說明並表述「合」的所有組成部分，和不同物類的事物之間產生協同、合作與沖和的作用。故〈繫辭傳〉曰：「一陰一陽之謂道。〔註44〕」而《周易正義》曰：

> 一謂无也，无陰无陽，乃謂之道。一得為无者，无是虛无，虛无是
> 大虛，不可分別，唯一而已，故以一為无也。若其有境，則彼此相

〔註41〕同第一章註2，頁8~11。
〔註42〕同第一章註2，頁8~11。
〔註43〕同第一章註2，頁10~11。
〔註44〕同第一章註2，頁315。

> 形，有二有三，不得爲一。故在陰之時，而不見爲陰之功；在陽之
> 時，而不見爲陽之力，自然而有陰陽，自然无所營爲，此則道之謂
> 也。故以言之爲道，以數言之謂之一，以體言之謂之无，以物得開
> 通謂之道，以微妙不測謂之神，以應機變化謂之易，總而言之，皆
> 虛无之謂也。聖人以人事名之，隨其義理，立其稱號。〔註45〕

是以乾坤二元，陰陽二氣，相激相摩，萬物皆因之而通，由之而有。神之發
作而動用，以生萬物，以功成就，應機而變化，聖人因窮此變化，以盡神妙
之理，皆是「陰陽之合」、「乾坤之和」所表徵的現象。所以，天道通過萬物
所表現出來的「和」，儘管它的形態千變萬化，但實質上仍然離不開陰陽的沖
和關係。而陰陽沖和的前提是「保合」，即陰與陽的會合。沒有陰陽相會，陰
陽的協同、合作關係，也就不可能實現「大和」的結果。所以，「和」是天道
的本性，也是天道運行的本質特徵。

二、《周易》「和」之爲用

　　「和」的一般意義解釋爲親和、合作、協同，「和」主柔，爲生物建業之
本，「和」的作用主要通過陰柔來體現。坤卦爲純陰之卦，充分顯示出「和」
的意義與功用。所以坤卦的卦辭曰：

> 元、亨，利牝馬之貞。君子有攸往，先迷后得主利。西南得朋。東
> 北喪朋，安貞吉。〔註46〕

〈坤・象〉曰：

> 至哉「坤元」！萬物資生，乃順承天，坤厚載物，德合無疆。含弘
> 光大，品物咸亨。牝馬地類，行地無疆。柔順利貞，君子攸行，先
> 迷失道，後順得常。「西南得朋」，乃與類行。「東北喪朋」，乃終有
> 慶。「安貞」之吉，應地无疆。〔註47〕

《周易》認爲坤卦之德「主利」，《周易正義》曰：「坤，貞之所利，利於牝馬
也。〔註48〕」又曰：「乾後次坤，言地之爲體亦能始生萬物。〔註49〕」《周易》的
意思是：「和」才能生養萬物，「和」才能爲萬物帶來利益。所以，言坤卦柔

〔註45〕　同第一章註2，頁315～316。
〔註46〕　同第一章註2，頁28～29。
〔註47〕同第一章註2，頁30～31。
〔註48〕同第一章註2，頁28。
〔註49〕同第一章註2，頁28。

順「主利」，也就是坤陰主「和」的意思。所以《正義》曰坤卦是：「陰柔而和順，承奉於天，並以其廣厚，故能載物，有此生長之德，合會无疆。〔註50〕」由於坤卦具有和順、協同與配合的表徵，且又能順天之時而合於天道，這是令各種品物藉由「和」而生養化物、推陳出新的必要條件。

坤道能生育萬物，實現天道，也體現了「和」的功能與作用。所以「至哉坤元！萬物資生，乃順承天。〔註51〕」萬物以大地爲母，依靠大地的孕育與滋養生長，最後又回歸於大地。而乾道爲「大哉乾元！萬物資始，乃統天。〔註52〕」乾道爲萬物資始，並不直接生物；坤道聚合而成形，故云「資生」。〈繫辭傳〉：「乾知大始，坤作成物。〔註53〕」〈益·象〉云：「天施地生，其益无方。〔註54〕」乾施坤受，即爲「和」的表現。但生育與長養萬物的實質過程，卻是由坤道之和所完成的。而成物與養物的過程是依靠「和」的合會而成，所以《周易》之坤元，更多地體現了「和」之爲用。

《周易》作者發現，天地之間的事物之差異與對立發展到某一個階段時，「陰」、「陽」之矛盾會被激化致使事物產生變革，事物的發展就會藉此而開展成一個新的階段。所以〈易傳〉中的〈革〉卦，就表徵了此一現象。〈革·象〉曰：「文明以說，大亨以正，革而當，其悔乃亡。天地革而四時成，湯武革命，順乎天而應乎人，革之時大矣哉！〔註55〕」「革」是變革，《正義》釋〈革〉之卦辭曰：

> 夫民可與習常，難與適變；可與樂成，難與慮始。故革之爲道，即日不孚，「巳日乃孚」也。孚，然後乃得「元亨利貞，悔亡」也。巳日而不孚，革不當也。悔吝之所生，生乎變動者也。革而當，其悔乃亡也。〔註56〕

可知變革，通常爲人所排斥，但由於湯武革命，順乎天而應乎人，無過與不及而守中正之道，故能使大多數人感到親善與和悅，因此能夠成功的建立起更加文明向上的新社會。所以「和」，不僅表現在陰陽相交之會合，同時也存

〔註50〕同第一章註2，頁30。
〔註51〕同第一章註2，頁30。
〔註52〕同第一章註2，頁8～11。
〔註53〕同第一章註2，頁304。
〔註54〕同第一章註2，頁206。
〔註55〕同第一章註2，頁237。
〔註56〕同第一章註2，頁236。

在於天地陰陽相推，與人、事、物的往來和發生重大變革之時。天道運行的
過程，始終展現著「和」的主導作用。

三、《周易》之「中和」的具體意義

《中庸·第一章》曰：「喜怒哀樂之未發，謂之中，發而皆中節，謂之和。
中也者，天下之大本也；和也者，天下之達道也。致中和，天地位焉，萬物
育焉。〔註57〕」，楊祖漢解釋說：

> 在喜怒哀樂等情緒未被激發起來之前，我們可以體會到超越的
> 「中」，「中」是指道體說。喜怒哀樂能恰當的發露，便是「和」，朱
> 子註：『無所乖戾，故謂之和。』「中」是天下之大本，「和」是天下
> 之達道。道體是一切存在的根源，一切價值之所從出，故是天下之
> 大本。能自覺依循本性而行，便是天下古今之所共由的達道。將
> 「中」、「和」推而極之，便會使天地得其位，萬物得其育。〔註58〕

《中庸》開宗明義就由天人之道，來表達人於情緒上發洩的修養方法，更說
明了「中」代表了「道」的本體，所以說「喜怒哀樂之未發，謂之中」；在
情緒的發作時也要合乎於道，所以「發而皆中節，謂之和」。「中」是天下的
大本，道的根源，乃天下萬事萬物的自然本性。所以，「中」亦為人之本性〔註
59〕。那麼，甚麼是人的本性呢？正如〈說卦傳〉上所說：「立人之道曰仁與義
〔註60〕。」人的本性就是儒家所說的「仁義之道」。如前文所述，〈易傳〉的思
想，又可以說是奠基在「居中」，而此所謂的「中」就是常道。〈繫辭傳〉曰：

> 聖人所以崇德而廣業也。知崇禮卑，崇效天，卑法地。天地設位，
> 而易行乎其中矣。成性存存，道義之門。〔註61〕

所以，人如果透過努力與修養，合乎於道義，就是《中庸》所說的「和」。至
於「致中和，天地位焉，萬物育焉」，又是甚麼意思呢？楊祖漢認為：

> 既然內在於人的本心善性，便即是天下之大本之中，而本心呈現使喜怒
> 哀樂發而皆中節的狀態，亦無異於天下之達道之和，則若使在我之中與和充
> 分實現，那便如天地之道之流行發用了。人的循性而行所表現出來的，是道

〔註57〕 〔宋〕朱熹，《四書集注·中庸章句》（台北：世界書局，1990 年），頁一。
〔註58〕 同註29，頁 97～118。
〔註59〕 譚宇權，《中庸哲學研究》（台北：文津出版社，1995 年），頁 19。
〔註60〕 同第一章註2，頁 383～384。
〔註61〕 同第一章註2，頁 321～322。

德的實踐，而若將此實踐推而及於一切存在，則便會使一切的存在都成合理
的存在，都呈現出道德的價值。這樣，便是天地位、萬物育了。人不去修德
行道，不推廣其仁心於一切物，天地萬物固然仍或會存在，但若如此，則道
德的價值便無由實現，而一切的存在，便是不能彰顯道德價值的存在，則這
豈是天地之正位乎？故惟有人努力實現其本性，使一切人、一切物都成爲合
理的存在，方是天道生生、使一切存在之本旨。故只有人盡性，又盡一切人
物之性，方是天地得其位，萬物得其育。這是人之所以能參贊天地之化育的
緣故〔註62〕。

所以〈繫辭傳〉上曰：

> 天地之大德曰生，聖人之大寶曰位。何以守位？曰仁。何以聚人？
> 曰財。理財正辭，禁民爲非曰義。〔註63〕

> 古者包犧氏之王天下也，仰則觀象于天，俯則觀法于地，觀鳥獸之
> 文，與地之宜，近取諸身，遠取諸物，于是始作八卦，以通神明之
> 德，以類萬物之情。〔註64〕

> 易之爲書也，廣大悉備，有天道焉，有人道焉，有地道焉〔註65〕。

人能守其仁義，天地守其常道，各正其位，則正與前文對《周易》宇宙統一
性的演化論所探討相呼應，人藉由修養，進而尋找到宇宙的根本之道；能找
到宇宙之道，就能透徹物性與物理；就可以明瞭《周易》中所揭示的天、地、
人之關係。如此自然可以達到「天地位焉，萬物育焉」的境界了。在《周易》
中，以此逆推的方式，從而了解自然之道、萬物之情及人倫之德，屢見不鮮。
漢代董仲舒亦同於此論述曰：

> 中者，天地之所終始也；而和者，天地之所生成也。夫德莫大于和，
> 而道莫正于中，中者，天地之美達理也，聖人之所保守也，《詩》云：
> 「不剛不柔，布政優優。」此非中和之謂與！是故能以中和理天下
> 者，其德大盛，能以中和養其身者，其壽極命。〔註66〕

「中」爲道之本，「和」爲道之用。「中」作爲道之本卻潛含著「和」的涵義，

〔註62〕同註29，頁117～118。

〔註63〕同第一章註2，頁349～350。

〔註64〕同第一章註2，頁351。

〔註65〕同第一章註2，頁375。

〔註66〕〔漢〕董仲舒，《春秋繁露》賴炎元注譯，〈卷第十六・循天之道第七十七〉（台
　　　　北：台灣商務印書館，1984年），頁415。

「和」雖然作爲道之用，卻也是「中」的展現。然而，「中」是指天道所展現之信守不渝、無過與不及的品性，在人道的發抒上，人們必須誠實無妄、精準把握！「和」是指天道在運行過程中，由陰陽的變化來概括天地間人、事、物的差異，再會合其差異並規律地在對立中發生親和關係，綜合而產生新的事物或結果。可見，「中」與「和」雖然都是對於《周易》與天道的界說，但是其所指示的表徵確是不同的方面，不可混淆。

　　《周易》認爲，面對宇宙和人生，應該以「樂天知命」的態度，「與時偕行」，此即順應天道。而人所能展現的價值是「窮理盡性，以至于命」、「以茂對時育萬物」，如果以《中庸》的話來說就是：「唯天下至誠，爲能盡其性；能盡其性，則能盡人之性；能盡人之性，則能盡物之性；能盡物之性，則可以贊天地之化育；可以贊天地之化育，則可以與天地參矣。〔註67〕」這便是中和的意義所在。因此，《周易》絕不是保守的守「中」與「正」；「致中和」更不是一成不變的理論。而是能夠應時而變，合時創新，與天地萬物共榮的中道思想。

第三節　《周易》與儒、道的經世之道

一、《周易》中儒家德治思想的發揮

　　〈家人‧彖〉云：「家人，女正位乎內，男正位乎外。男女正，天地之大義也。家人有嚴君焉，父母之謂也。父父、子子、兄兄、弟弟、夫夫、婦婦而家道正，正家而天下定矣。〔註68〕」從天地萬物的產生，再到男女結合、夫婦產生子女，便有父子，因之而產生人際之間的關係及其規範，從儒家倫理思想的角度來說：在家庭裡，男主外，女主內，正是男女所應當自處的地位；反之，就不是處在「正位」，便不符合天地陰陽的大義。父親所扮演的角色代表「尊」、「嚴」，猶如「嚴君」，是一家之主，父母的尊謂也是由此而來。每一個人都有其一定的規範與準則，父、子、兄、弟、夫、婦也都有其定位與角色扮演應當的行爲。如果每一個家庭都能做到這樣，便可推而國家、天下，由正家而正天下，天下就安定了。所以，在《論語‧顏淵》中有一段齊景公與孔子的對話：「齊景公問政於孔子。孔子對曰：『君君、臣臣、父父、子子。』

〔註67〕同註27，頁11。
〔註68〕同第一章註2，頁185。

〔註69〕」孔子認為，這是人道的大經，也是政治的根本。其義正與〈家人‧象〉所云的要旨不謀而合，儒家在政治上發揮《周易》德治思想，是建立在人際關係中，主張以忠、孝、節、義、仁、謙為內容的道德規範。

在政治上，《周易》的治國之道便是「德」。所以，孔子在《論語‧子路》引〈恒卦‧九三〉爻辭曰：「不恒其德，或承之羞。〔註70〕」〈乾‧文言〉曰：「君子進德脩業。忠信所以進德也。〔註71〕」《正義》曰：「德謂德行，業謂功業。〔註72〕」又曰：「『進德』則『知至』，將進也；『脩業』則『知終』存義也。『忠信所以進德』者，復解進德之事，推忠於人，以信待物，人則親而尊之，其德日進，是『進德』也。『修辭立其誠，所以居業』者，辭謂文教，誠謂就實也。外則脩理文教，內則立其誠實，內外相成，則有功業可居，故云『居業』也。〔註73〕」所以儒家從《周易》中認為，依己身的道德修養，推而及於人、事與政治上，以「德」行教化為方，則能做到內外相成，政治上的功業自然可居、可成。〈繫辭傳〉曰：

> 子曰：「易其至矣乎？夫易，聖人所以崇德而廣業也。知崇禮卑，崇效天，卑法地。天地設位，而易行乎其中矣。成性存存，道義之門。」
> 〔註74〕

聖人透過《周易》的教化，進而推行德政，開拓事業。所以，德與業，雖相提並論，而以德為首。以道德為原則而推行政治，就是「德政」，亦即儒家所稱的「仁政」，也就是以仁德的心來制定政策，推行利益人民的政治措施。所以〈乾‧文言〉曰：「君子體仁足以長人。〔註75〕」就是認為唯有能施行仁德的人，方能成為眾人的首長。就如同〈繫辭傳〉曰：「天地之大德曰生，聖人之大寶曰位。何以守位？曰仁。何以聚人？曰財。〔註76〕」所以，仁德即是政治施行的根本，在政治上推行德治，則能廣聚資財，聚集人眾。《孟子‧滕文公》

〔註69〕〔宋〕朱熹，《四書集注‧論語集注》卷六（台北：世界書局，1990年），頁51。

〔註70〕〔宋〕朱熹，《四書集注‧論語集注》卷七（台北：世界書局，1990年），頁57。

〔註71〕同第一章註2，頁18。

〔註72〕同第一章註2，頁18。

〔註73〕同第一章註2，頁18。

〔註74〕同第一章註2，頁321～322。

〔註75〕同第一章註2，頁14。

〔註76〕同第一章註2，頁350。

曰：

> 后稷教民稼穡，樹藝五穀。五穀熟而民人育。人之有道也，飽食煖
> 衣，逸居而無教，則近於禽獸。聖人有憂之，使契為司徒，教以人
> 倫。父子有親，君臣有義，夫婦有別，長幼有序，朋友有信。放勳
> 曰：『勞之，來之，匡之，直之，輔之，翼之，使自得之。又從而振
> 德之。』聖人之憂民如此，爾暇耕乎？〔註77〕

孟子引用《尚書‧堯典》言舜請后稷教導人民耕種，契教導人民五倫之德，
以德為治的事。又敘述堯帝所說的話。「匡、直、輔、翼」作證明，皆是說明
在政治上應當教導人民遷惡向善。其中所說的：「又從而振德之。」就是引用
於《周易》，〈蠱‧象〉曰：「山下有風，蠱。君子以振民育德。〔註78〕」《正義》
曰：「必云『山下有風』者，風能搖動，散布潤澤。今『山下有風』，取君子
能以恩澤下振於民，育養以德。『振民』，象『山下有風』；『育德』象山在上
也。〔註79〕」孟子所說的「振民育德」之政，正是繼孔子以來，儒家在政治上
所闡述之德治思想。《周易》不僅為五經之首，更是古代經邦濟世最為重要的
經典。其所闡述的政治思想，歷經千百年來仁人志士的發揚與推崇，為中國
思想史上重要的瑰寶。能以德治化育萬民，使百姓皆能學習聖人仁義之道，
以求合天道的規範，斯正是《周易》「中和」思想在政治上的施行作為。

二、「沖氣以為和」的道家之用

儒家以《周易》為六經之首，道家以《周易》為三玄〔註80〕之一，張立
文曰：「道家貴柔，注重人與自然之間的自然無為，天地與我並生，萬物與我
為一。〔註81〕」以人為出發點，道家將人與自然的關係，以和諧的規律表現出
來。所以《老子》第二十五章曰：

> 有物混成，先天地生。寂兮寥兮，獨立而不改，周行而不殆，可以
> 為天下母。吾不知其名，強字之曰道，強為之名曰大。大曰逝，逝
> 曰遠，遠曰反。

〔註77〕〔宋〕朱熹，《四書集注‧孟子集注》（台北：世界書局，1990年），頁39。
〔註78〕同第一章註2，頁109。
〔註79〕同第一章註2，頁109～110。
〔註80〕同第一章註9，頁602～603。
　　　　所謂三玄者，《顏氏家訓‧勉學篇》謂係《老》《莊》《周易》。
〔註81〕張立文，《周易與儒道墨》（台北：東大圖書公司，1991年），頁3。

故道大，天大，地大，人亦大。域中有四大，而人居其一焉。

人法地，地法天，天法道，道法自然。〔註82〕

《老子》的這一段話，與〈易傳〉有許多認知是相通地，例如〈繫辭傳〉所云：

乾以易知，坤以簡能。易則易知，簡則易從。易知則有親，易從則有功。有親則可久，有功則可大。〔註83〕

易簡而天下之理得矣。天下之理得，而成位乎其中矣。〔註84〕

夫易，廣矣大矣，以言乎遠則不禦；以言乎邇則靜而正；以言乎天地之間，則備矣。〔註85〕

崇效天，卑法地。〔註86〕

〈說卦傳〉也云：

立人之道，曰仁與義，兼三才而兩之。〔註87〕

數往者順，知來者逆，是故易逆數也。〔註88〕

從自然觀的角度觀察，《老子》對於先天地之初，不希望以特定的名義來約束，所以用「道」、「大」、「逝」、「遠」、「反」，勉強爲其定義，藉以描述天道的象徵，正如同前文所述，《周易》常常以「陰陽」、「剛柔」、「乾坤」、「中」、「正」、「中和」等來說明天道的現象。《老子》認爲天下萬物是道所生成的，而道是循環不已的，所以它的演變亦終將回歸於事物的根源處。這正如同前文所述，《周易》透過人道上的仁義精神，回歸與天道的契合，在追求天、地、人的和諧關係上，效法自然變化的規律，將人不偏不倚地並列於天地之間。是故，馮友蘭引何晏〈無名論〉曰：

老子言「人法地，地法天，天法道，道法自然」。惟其如此，故「天地以自然運，聖人以自然用」。萬物皆自然而然，此即「無」之「無爲」也，此所以「天地萬物，皆以無爲爲本」也。惟其無爲，故能

〔註82〕陳鼓應，《老子今注今釋》（台北：台灣商務書局，1995年），頁113。

〔註83〕同第一章註2，頁304～305。

〔註84〕同第一章註2，頁306。

〔註85〕同第一章註2，頁320～321。

〔註86〕同第一章註2，頁322。

〔註87〕同第一章註2，頁384。

〔註88〕同第一章註2，頁384。

　　無不爲：惟其無不爲，故「無」乃「開物成務，無往而不存者也」。
　　〔註89〕

馮先生又引〈復卦〉王弼注云：

　　復卦，坤上震下，故曰：「動息地中。」道爲無，惟其爲無，非事物，
　　故能「無不通也，無不由也」。「有」則有所有，有所有即成事物。
　　事物是此只是此，是彼只是彼，不能爲其異類也。故曰：「若其以有
　　爲心，則異類未獲具存矣。」

《老子》將有無的關係，擴展爲自然天地萬物的生成，從而建立以「道」爲
萬物存在的理論根據，《老子》中「天下萬物生於有，有生於無」。〔註90〕與「道
生一，一生二，二生三，三生萬物，萬物負陰而抱陽，沖氣以爲和」。〔註91〕
可以作爲道家對《易經》的體悟表徵。《老子》的自然生成觀也與《易經》的
成卦有著密切的關係，張立文云：

　　道體爲無，無而生有，初爲渾沌未分的「一」；「分而爲二以象兩」，
　　兩即陰與陽，亦即卦畫的陰陽兩爻；老子詮釋萬物負陰而抱陽，萬
　　物中物物都包涵陰陽的屬性。陰陽兩爻組成六十四卦，六十四卦中
　　每卦都包涵著陰陽的屬性。筮儀「挂一以象三」，陰陽兩爻相互轉換、
　　交錯、變化、衝撞、終至媾和，「沖氣以爲和」，和而生三，即是「二
　　生三」，卦畫由陰陽兩爻而生第三爻，三爻而成八卦，八種自然現象
　　相互作用而成六十四卦，象徵萬物，即老子的「三生萬物」。〔註92〕

　　換言之，從《周易》的宇宙觀，似乎也能推論出《老子》宇宙觀的基本
模式。而《易經》中所具有的矛盾對立、變化發展以及對待轉化的觀念，在
《老子》中似乎已經受到明顯的啓發，所以《老子》第二十二章曰：「曲則全，
枉則直，窪則盈，敝則新，步則得，多則惑。〔註93〕」老子豐富的辯證思維就
是對於《易》的發揮。透過這樣的思想背景，省視《老子》的變動觀，可以
看出他重視由「常」的角度來看待事物的變動與發展，而這與前文所提《周
易》常藉由「時」、「位」的變動對人事結果所造成的變異，來了解人們吉凶
悔吝產生的原因。也就是透過「中」來考慮人的行事與「時」和「位」的條

〔註89〕同第一章註9，頁605。
〔註90〕同註75，頁153。
〔註91〕同註75，頁158。
〔註92〕同註74，頁16。
〔註93〕同註75，頁269。

件，再利用「應」、「承」、「比」、「乘」等關係而得到圓滿及融洽的結果，作
為實行「常道」的依據。因為能施行常道，就是守乎中道的表徵，守乎中道
才能盡人道，能盡人道方可合於天道，亦即合於自然變化的規律。而人能合
於天道與自然變化的規律，無過與不及，正是「中和」的最佳表徵。

第五章　結　論

　　《周易》經文晦奧深澀，後人研究詮釋經文，其旨趣大多在揭示經文所蘊含的義理與哲學，〈易傳〉是其中佼佼者，這也是《周易》之所以由卜筮之書，逐漸轉變成為探討宇宙與人生哲理的哲學經典；《周易》雖然披掛著卜筮的外衣，但經過古代「大卜」、「筮人」作第一次的集結整理與修辭，嗣後累代先哲們對其增添義理述作，綜觀《周易》六十四卦，實已統貫形上形下、自然規律法則、仁義道德理論、人文精神、社會文化生活等諸多豐富的內涵。《周易》六十四卦的卦義，每一卦皆代表著中國老祖宗們，對該卦記述的事類之認知概念與價值認同取向，更成為老祖宗們對該事類實踐的指示。所以《周易》係記錄先聖先賢們生活智慧與經驗的寶典。

　　本篇論文之撰作目的，如文前所言，循著古人建立的智慧，通過卜、筮、卦所建構的哲學內涵，以《周易》的自然生成觀及其所體現的「中和思想」作為兩個論述核心。首先，就《周易》的自然生成觀方面，從對自然現象的畏懼、想像，到對自然變化規律的認識與面對。在對自然變化的規律性有基礎的認知後，以自然現象的規律性，如日月的輪替、四時的變化現象，再應用至人的生活中，體認到人的生活與社會亦有必要的規律，這意味著人們對自然的認知，已從外在的客體，開始轉化為對自我內在的反思；透過這樣的反思，人們對於生活也慢慢從物質需求，開始提升為精神脩為的涵養。《周易》在面對與自然宇宙的關係上，古人藉由對外在環境的觀察，透過六十四卦、三百八十四爻所描繪出的象義，建立完成一套有規則性與循環性的時空系統。所以朱熹於《周易本義》曰：

　　　　是以六十四卦為其體，三百八十四爻為其用。遠在六合之外，近在

一身之中，暫于瞬息，微于動靜，莫不有卦之象焉，莫不有爻之義焉〔註1〕。

透過這樣的時空系統，《周易》建立古代最早「因時通變」的宇宙哲學。從卦、爻之象中，建立對事物本體性質的認知，通過這種認知的方式，《周易》對天地萬物之形態的探討，漸漸形成《周易》宇宙論的哲學議題，並建立了不同層次的哲學思維方式。而這在自然哲學的形成過程中，是必經的途徑。

隨著《周易》宇宙觀的建立，《周易》對於時間與空間的相對關係與變化關係，慢慢建立邏輯上的關聯性。這在「易學」議題的研究上，就是《周易》的「時觀」與「位觀」。黃慶萱先生針對《周易》的時間探究上有以下之論說：

「周」有周流義，「易」有變易義，原含「周流變易」之時觀。六爻代表較小規模之周流變易。六十四卦之形成，象徵宇宙萬物在時間之流中演進之情況；六十四卦之次序，又代表較大規模之周流變易；而始於「乾」，由「既濟」終於「未濟」，更具終而復始之深意。《周易》言「時」凡六十次。歸納其內容，於時間之知解，主由「觀天」、「察時」而「明時」；於時間之運用，主由「待時」、「與時偕行」而「趣時」，以「不失時」為最低限度。〈象傳〉於時觀尤多闡發，言「時大矣哉」凡四，言「時義大矣哉」凡五，言「時用大矣哉」凡三，皆以「適時」為重。全文結束於了解時間，掌握時間，成為時間的主人。〔註2〕

在《周易》的「時觀」上，黃先生實則已將《易》有關「變易」的精神說得非常清楚，前文曾云，《周易》在探討「變易性」方面，除了強調「時」的「變動」的特性之外，更探究在「變動」中的「生生、剛健、不息」之義。其形式即先後遞承，連綿不絕。其方法是基於「觀天文」與「察四時」。通過對生活中觀察自然的變化，演繹出「四時運轉」與「日月輪替」的時間觀，建立起最初的「流動時序觀」。其特徵，一方面對「時間」而言，具有「盈虛消長」與「流動變化」的概念，說明時間「變易性」的特質。另一方面，又建立時間消長流變的輪替流程與自然順序，說明時間的「不易性」。所以〈觀卦‧象傳〉云：「觀天之神道，而四時不忒。〔註3〕」〈賁卦‧象傳〉云：「觀乎天文，

〔註1〕同第二章註43。
〔註2〕同第三章註85，頁117。
〔註3〕同第一章註2，頁115。

以察時變。〔註4〕」正是說明時間上的「變易性」與「不易性」。再從時間的歷程中，尋找人在其中存在的價值性，進而掌握對時間的應用，能「應天隨時」及「與時偕行」。

在《周易》的「位觀」方面，《周易》巧妙地運用六十四卦與三百八十四爻，簡單地應用「陰陽」、「剛柔」、「得位」、「失位」及其相對應的關係，再將《周易》之變動的發展觀，透過爻位的變換關係，象徵事物發展過程中的變異性，這也是《周易》在觀察自然現象後對應在人、事、物上所表徵的結果。《周易》最後也將它這種透過觀察自然現象與時間變化關係所產生的不同結論，應用在人的身上，由「自然」反觀於「人身」，再由「人身」推而符合於「自然」，技巧性地將天、地、人互相循環關聯在一起。

最後，所要彰顯的是本篇論文撰作的第二個核心，探討《周易》的「中和思想」。《周易》透過「時中」之用，揭示了「中正」之道的涵義，從天道的本性中，謀求人道的契合，曾春海曾經說：「作易者並將人內在心靈的價值意識，與天地變易聯繫起來，建立極密切的相互關係；在生生之德的形上共理中，以參贊天地化育的仁心宏願，實踐天人合一的終極價值理想。〔註5〕」這一段話，可以作為對《周易》的「時中」精神最為貼切的說法，因為《周易》的創作者在不斷變異的時間歷程中，體悟了人生的中道原理，並實踐在人道的表現上。又藉由「和」的思想涵義，傳達順承天道的意涵，在能恪守仁義之道的行為脩養後，表現合於天道的社會行為規範，將人道社會的準繩，應承於自然變化的規律上。觀察「儒家」與「道家」在倡言仁義道德的人道表現用意，實則為揭示中國古代先哲們所要體現的「中和思想」，也是在彰顯人與人、事、社會、自然的互動中，謀求平衡與和諧之道的方法。

〔註 4〕同第一章註 2，頁 124。

〔註 5〕同第三章註 102，頁 93。

參考書目

（一）古籍著作

1. 〔漢〕孔安國傳,《尚書正義》,台北:台灣古籍出版社,2002 年。

2. 〔漢〕鄭玄注,《易緯乾坤鑿度》,台北:老古出版社,1976 年出版。

3. 〔漢〕董仲舒著,《春秋繁露》,台北:台灣商務印書館,1976 年 1 月。

4. 〔魏〕王弼、〔晉〕韓康伯注、〔唐〕孔穎達疏。《周易正義》,台北:文化圖書公司,1997 年 8 月,十三經注疏本。

5. 〔魏〕王弼、〔晉〕韓康伯注、〔唐〕孔穎達疏。《周易正義》,台北:台灣古籍出版有限公司,1997 年 8 月,十三經注疏本。

6. 〔魏〕王弼、〔晉〕韓康伯注、〔唐〕孔穎達疏。《周易正義》,北京:九州出版社,2004 年。

7. 〔唐〕李鼎祚,《周易集解》,台北:臺灣商務印書館,1996 年版。

8. 〔唐〕李鼎祚,《周易集解》,成都:四川出版集團巴蜀書社,2004 年。

9. 〔唐〕陸德明,《經典釋文》,《通志堂經解》本。台北:漢京文化公司。

10. 〔唐〕楊倞注、〔清〕王先謙集解,《莊子集解》,台北:世界書局,2005 年。

11. 〔宋〕王宗傳,《童溪易傳》,台北:大通書局,1972 年。

12. 〔宋〕朱熹,《周易本義》,台北:大安出版社,1999 年 7 月。

13. 〔宋〕朱熹,《朱子語類》,台北:漢京出版社,1980 年。

14. 〔宋〕朱熹,《四書集注》,台北:世界書局,1990 年。

15. 〔宋〕胡瑗,《周易口義》,台北:世界書局,1988 年 2 月。

16. 〔宋〕張載撰、〔清〕王夫之注。《張子全書》,台北:世界書局,1981 年。

17. 〔宋〕程頤,《易程傳》,台北:文津出版社,1987 年初版。

18. 〔宋〕程顥、程頤,《二程全書》,台北:中華書局,1976 年初版。

19. 〔宋〕項安世,《周易玩辭》,台北:大通書局,1970 年 9 月。

20. 〔明〕來知德，《周易來註》，台北：臺灣商務印書館，1983 年版。

21. 〔明〕來知德，《周易集注》，北京：九州出版社，2004 年。

22. 〔明〕胡震，《周易衍義》，台北：臺灣商務印書館，1980 年版。

23. 〔清〕王夫之，《周易內傳》，台北：河洛出版社，1974 年 12 月。

24. 〔清〕李光地，《御纂周易折中》，台北：成文出版社，1976 年。

25. 〔清〕李光地撰，《周易折中》，北京：九州出版社，2006 年。

26. 〔清〕李光地等撰，《性理精義》，台北：中華書局，1979 年初版。

27. 〔清〕胡煦，《周易函書》，北京：中華書局，2008 年 8 月。

28. 〔清〕姚配中撰，《周易姚氏學》，台北：成文出版社，1995 年 3 月。

29. 〔清〕郭慶藩編，王孝魚整理，《莊子集釋》，台北：群玉堂發行。

30. 〔清〕惠棟，《周易述》附《易漢學》、《易例》（上）、（下），北京：中華書局。2007 年。

31. 〔清〕焦循，《易學三書》，台北：廣文書局，1970 年。

32. 〔清〕焦循，《易學三書》，北京：九州出版社，2003 年。

33. 〔清〕焦循，《易圖略》，上海：上海古籍出版社，1995 年 3 月。

（二）現代著作

1. 王新華著，《周易繫辭傳研究》，台北：文津出版社，1998 初版一刷。

2. 王邦雄、曾昭旭、楊祖漢著，《論語義理疏解》，台北：鵝湖出版社，1982 年。

3. 王邦雄、曾昭旭、楊祖漢著，《孟子義理疏解》，台北：鵝湖出版社，2004 年。

4. 王夢鷗註譯，《禮記今註今釋》，台北：臺灣商務印書館，1970 年。

5. 方東美著，《原始儒家道家哲學》，台北：黎明文化事業公司，1983 年。

6. 方東美著，《中國人的人生觀》，台北：幼獅文化事業公司，1988 年。

7. 方東美著，《生生之德》，台北：黎明文化事業公司，1987 年四版。

8. 朱維煥著，《周易經傳象義闡釋》，台北：臺灣學生書局，1986 年初版二刷。

9. 朱伯崑著，《易學哲學史》第一卷～第四卷，台北：藍燈文化事業股份有限公司，1991 年。

10. 朱伯崑編著，《易學基礎教程》，台北：志遠書局，2004 年。

11. 朱伯崑主編，《易學漫步》，台灣：學生書局，1999 年。

12. 岑溢成著，《大學義理疏解》，台北：鵝湖出版社，2000 年。

13. 宋天正註譯，《中庸今註今釋》，台北：臺灣商務印書館，1977 年。

14. 宋天正註譯，《大學今註今釋》，台北：臺灣商務印書館，1990 年。

15. 林尹註譯，《周禮今註今釋》，台北：臺灣商務印書館，1992 年。

16. 牟宗三著，《中國哲學十九講——中國哲學之簡述及其所涵蘊之問題》，台北：臺灣學生書局，1983 年初版。

17. 牟宗三著，《周易的自然哲學與道德涵義》，台北：文津出版社，1998 年。

18. 牟宗三著，《心體與性體》，台北：正中書局，1983 年 5 月。

19. 李鏡池著，《周易探源》，北京：中華書局，1991 年初版三刷。

20. 李澤厚著，《中國古代思想史論》，台北：漢京文化事業公司，1987 年初版。

21. 李學勤著，《周易經傳溯源》，高雄：麗文文化事業股份有限公司，1995 年。

22. 李周龍，《易學窺餘》，台北：文津出版社，1991 年 8 月。

23. 呂紹綱著，《周易闡微》，台北：韜略出版有限公司，1996 年。

24. 吳怡註譯，《易經繫辭傳解義》，台北：三民書局，1991 年初版。

25. 尚秉和著，《周易尚氏學》，北京：九州出版社，2005 年。

26. 林尹等著，《易經研究論集》，台北：黎明文化事業公司，1984 年三版。

27. 林文欽著，《周易時義研究》，台北：國立編譯館出版，2002 年初版。

28. 林德宏、張相輪，《東方的智慧－東方自然觀與科學的發展》，台北：理藝出版社，2001 年。

29. 屈萬里著，《先秦漢魏易例述評》，台北：臺灣學生書局，1985 年三版。

30. 胡樸安著，《周易古史觀》，台北：明文書局，1989 年。

31. 金景芳著，《周易通解》，吉林：長春出版社，2007 年。

32. 金景芳講述、呂紹綱整理，《周易講座》，台北：韜略出版有限公司，1996 年。

33. 金景芳、呂紹綱著，《周易全解》，台北：韜略出版有限公司，1996 年。

34. 范良光著，《易傳道德的形上學》，台北：臺灣商務印書館，1990 年二版。

35. 南懷瑾著，《易繫辭傳別講》，台北：老古出版社，1995 年 5 月初版。

36. 南懷瑾、徐芹庭註譯，《周易今註今譯》，台北：台灣商務印書館，1984 年 8 月

37. 高懷民著，《大易哲學論》，台北：成文出版社，1978 年。

38. 高懷民著，《先秦易學史》，柳州：廣西師範大學出版社，2007 年。

39. 高懷民著，《兩漢易學史》，柳州：廣西師範大學出版社，2007 年。

40. 高懷民著，《宋元明易學史》，柳州：廣西師範大學出版社，2007 年。

41. 高亨著，《周易大傳今注》，濟南：齊魯書社，1988 年初版五刷。

42. 高亨著，《周易古經今注》，台北：華正書局，2008 年。

43. 高亨著，《周易古經通說》，台北：華正書局，2005 年。

44. 徐芹庭著，《易學源流》，台北：國立編譯館，1987 年初版。

45. 張立文著，《周易思想研究》，武漢：湖北人民出版社，1980 年初版一刷。

46. 張立文著，《周易與儒道墨》，台北：東大圖書公司，1991 年初版。

47. 張岱年著，《中國哲學大綱》，台北：藍燈書局，1992 年 4 月。

48. 陳鼓應著，《易傳與道家思想》，台北：臺灣商務印書館，1994 年初版一刷。

49. 陳鼓應著，《道家易學建構》，台北：臺灣商務印書館，2003 年。

50. 陳鼓應著，《老子今注今譯及評介》，台北：臺灣商務印書館，1981 年初版。

51. 陳鼓應著，《莊子今注今譯》，台北：臺灣商務印書館，1991 年。

52. 陳伯適著，《漢易之風華再現──惠棟易學研究》（上）、（下），台北：文史哲出版社，2006 年。

53. 黃沛榮編，《易學論著選集》，台北：長安出版社，1991 年初版三刷。

54. 黃沛榮編，《易經論著選集》，台北：長安出版社，1988 年。

55. 黃沛榮編，《易學乾坤》，台北：大安出版社，1998 年。

56. 黃慶萱著，《周易讀本》，台北：三民書局，1984 年。

57. 黃慶萱著，《周易縱橫談》，台北：東大圖書股份有限公司，2008 年。

58. 黃慶萱著，《新譯乾坤經轉通釋》，台北：三民書局，2007 年。

59. 黃壽祺、張善文編，《周易研究論文集》，北京：北京師範大學出版社，1988 年。

60. 勞思光著，《新編中國哲學史》，台北：三民書局，1993 年增訂七版。

61. 曾春海著，《易經哲學的宇宙與人生》，台北：文津出版社，1997 年初版一刷。

62. 曾春海著，《易經的哲學原理》，台北：文津出版社，2003 年 3 月。

63. 程石泉著，《易學新探》，台北：文景出版社，1999 年 7 月初版。

64. 項退結著，《中國哲學之路》，台北：東大圖書公司，1991 年初版。

65. 馮友蘭著，《中國哲學史新編》，台北：藍燈書局，1982 年 3 月。

66. 馮友蘭著，《中國哲學史》增訂本上、下冊，台北：臺灣商務印書館，1996 年。

67. 楊家駱主編，《周易注疏及補正》，台北：世界書局，1987 年五版。

68. 楊家駱主編，《董作賓學術論著》（上）、（下），台北：世界書局，2008 年。

69. 楊伯峻注，《論語譯注》，台北：華正書局，1997 年。

70. 楊祖漢著，《中庸義理疏解》，台北：鵝湖出版社，2002 年。

71. 楊建華著，《中華早期和合文化》，杭州：浙江人民出版社，1983 年 3 月。

72. 樓宇烈校釋，《王弼集校釋》，台北：華正書局，1992 年初版。

73. 廖名春，《帛書〈易傳〉初探》，台北：文史哲出版社，1998 年 11 月

74. 錢穆著，《中國學術思想史論集》，台北：東大圖書公司，1977 年 2 月。

75. 劉長林注，《中國象科學觀－易、道與兵、醫》，北京：社會科學文獻出版社，2007 年。

76. 戴璉璋著，《易傳之形成及其思想》，台北：文津出版社，1997 年初版二刷。

77. 熊十力著，《原儒》，台北：史地教育出版社，1974 年。

78. 熊十力著，《讀經示要》，台北：廣文書局，1960 年。

79. 羅光著，《生命哲學》，台北：臺灣學生書局，1985 年。

80. 譚宇權著，《中庸哲學研究》，台北：文津出版社，1995 年。

81. 嚴靈峰，《馬王堆帛書易經斠理》，台北：文史哲出版社，1994 年。

82. 魏‧王弼晉‧韓康伯宋‧朱熹注。《周易二種》，台北：大安出版社，1999 年。

（三）期刊論文

1. 于維杰，〈周易與儒家思想〉，《孔孟月刊》卅五卷第三期，1996 年 11 月，頁 1～6。

2. 尤煌傑，〈周易思想中的「時間」觀念〉，《哲學與文化》廿卷第八期，1993 年 8 月，頁 751～761。

3. 王隆升，〈周易經傳的循環觀──以反復往來為研究主體〉，《臺北技術學院學報》廿八卷第二期，1995 年 7 月，頁 183～215。

4. 王金凌，〈論易傳中乾坤的意義〉，《輔仁國文學報》第十二期，1196 年 8 月，頁 147～166。

5. 李霖生，〈天人之際，性命交關〉，《哲學雜誌》第十六期，1996 年 4 月，頁 112～145。

6. 李賢中，〈人在周易思想中的價值〉，《哲學與文化》廿卷第十期，1993 年 10 月，頁 982～987。

7. 林益勝，〈周易卦辭結構研究〉，《空大人文學報》創刊號，1992 年 4 月，頁 55～70。

8. 林益勝，〈周易爻辭原始本義釋法探究〉，《空大人文學報》第二期，1993

年 4 月，頁 71～92。

9. 林益勝，〈周易乾卦原始本義試探〉，《空大人文學報》第三期。1994 年 4 月，頁 65～84。

10. 林月惠，〈易傳・繫辭之道德的形上學〉，《嘉義師院學報》第八期，1994 年 11 月，頁 231～250。

11. 林文欽，〈周易時義的直覺思維方〉，《高雄師大學報》第八期，1997 年，頁 149～166。

12. 胡自逢，〈伊川論周易對待之原理〉，《孔孟學報》第三十五期。

13. 周景勳，〈易傳繫辭中「生生之謂易」的研究〉，《哲學論集》第廿二期，1988 年 7 月，頁 147～168。

14. 周景勳，〈易傳繫辭中「一陰一陽之謂道」的研究〉，《哲學論集》第廿三期，1989 年 7 月，頁 84～115。

15. 陳榮華，〈海德格的「存有」與中國哲學的道概念〉，《文史哲學報》第卅六期，1988 年 12 月，頁 309～337。

16. 陳德和：〈先秦儒家哲學的基本精神〉，《鵝湖月刊》第二二二期，1933 年 12 月，頁 56～57。

17. 陳宣均，〈論易經中吉兇判定與易傳中正觀念之形成〉，《中華易學》十八卷第十期，1997 年 12 月，頁 10～13。

18. 黃沛榮，〈論孔子與周易經傳〉，《中華易學》十七卷第五～十期，1996 年 7～12 月，頁 11～14、12～15、13～16、15～20、8～11、6～11。

19. 黃慶萱，〈十翼成篇考〉，《周易研究》第四期，1991 年，頁 3～4。

20. 傅佩榮，〈易傳的基本思想〉，《中國文化月刊》第七十期，1985 年 8 月，頁 29～47。

21. 傅佩榮，〈易傳的定性──儒家或道家〉，《中華易學》十七卷第一期，1996 年 3 月，頁 6～13。

22. 曾春海，〈易、老哲學理趣之異同〉，《哲學雜詩》第十六期，1996 年 4 月，頁 74～91。

23. 戴璉璋，〈從易傳看儒家的創造精神〉，《鵝湖月刊》第一二五期，1985 年 11 月，頁 12～16。

24. 戴璉璋，〈易傳關於天人之際的論述〉，《鵝湖月刊》第一七六期，1990 年 2 月，頁 12～24。

25. 顏智英，〈周易乾卦中的憂患意識──兼述論語〉，《孔孟月刊》廿九卷第十二期，1991 年 8 月，頁 12～18。

26. 顏國明，〈易傳的圓融精神〉，《鵝湖月刊》第二四五期，1995 年 11 月，頁 39～43。